この一冊で芸術通になる大人の教養力

樋口裕一

JN139440

青春新書
INTELLIGENCE

はじめに

教養ある人になれたらいいとは、多くの方が思っていることでしょう。教養ある人は人生を豊かにできますし、物事を深く考えることもできます。他人からも信頼され、敬意を払われるでしょう。教養はあるに越したことはないのです。

ただ、教養人になるには、芸術について、文化についての知識があり、それらについて自分なりの意見を持っていることが望ましいでしょう。人と話をして、教養の程度を示す必要があるでしょう。そう考えると、教養人になる道は険しそう……、そう思って、教養人になることを初めから断念している人が多いのではないでしょうか。

確かに、教養人になるのはそれほど簡単ではありません。ある程度の時間と労力は必要です。教養をつけるということは、心の中の成熟を待つということでもあります。深い意味での教養人にはなかなかなれないかもしれません。しかし、今では、以前と「教養」の意味が変わっています。しかも、芸術通になるのはそれほど難しいことではありません。初めはわかりやすい芸術に触れ、徐々に通にふさわしい芸術作品に関心を広め、鑑賞のポイントを見つければ、すぐに芸術通になります。そして、それを続ければ、それほどに長い時間をかけずに現代にふさわしい教養を身につけることができます。

本書は、そのような人のためにこの一冊で芸術通になり、手っ取り早く教養ある人間になるための指南書です。本書では、クラシック音楽と文学と美術と日本の古典芸能を取り上げます。最初にどのような作品に触れるべきか、もっと先に進もうとしたら、どのような作品があるか、どのような鑑賞のポイントがあるのかを簡潔に、そして丁寧に説明しています。

本書にしたがって、ともあれ芸術に触れてみてください。芸術の楽しさ、おもしろさにきっと触れることになるでしょう。ここに紹介した作品の中に、夢中になれるようなものが含まれているはずです。興味あるものを見つけ、それを手がかりに関心の対象を広げていけば、すぐに芸術通になり、現代に求められている教養人になることでしょう。ぜひ、そのために本書を利用してください。

多くの人が本書に従って芸術に親しみ、芸術通になり、教養ある人間とみなされるようになり、それをしばらく続けるうちに、本当の教養人になってくださることを願います。

樋口裕一

この一冊で芸術通になる　大人の教養力――目次

第2章 クラシック音楽という教養力
——テレビドラマ好きはオペラから入るといい

第3章　文学という教養力
――人生を豊かにする頭のいい読書術

第4章　美術という教養力
——絵の中の謎を解く楽しみ

第5章　日本芸能という教養力
――日本人なら知っておきたい日本文化の源流

DTP　センターメディア

第1章

「大人の教養力」とは何か

——それは「知識」ではない

1 現代の教養とは

教養が見直されている

近年になって教養の大事さが見直されている、そういってよいのではないでしょうか。ひところは、大学から次々と「教養課程」が減らされ、実学のみが重視され、若者から壮年の人まで経済的に意味のあることに邁進していました。だんだんと本を読む人が減り、クラシック音楽のコンサートはどこに行ってもガラガラ、「教養がある」という言葉がほめ言葉として使われることはなくなり、そもそも「教養」という言葉が日常の中で聞かれることがほとんどなくなっていました。

ところが、最近は違います。「教養」という言葉がタイトルについた本が次々と刊行され、教養のないことを恥ずかしく思うような会話がしばしば聞かれます。絵の展覧会やクラシック音楽のコンサートなども、経済的な不況が続いているわりには、盛況になることが増えているようです。テレビ番組でも教養をはかるようなクイズ番組、バラエティ番組が間違いなく増えています。

教養がないと、新聞を読んでもテレビの報道番組やドキュメンタリー番組をみても理解できないことが多く、芸術や文化を楽しむことができず、他人と知的な会話を交わすことができず、人生を楽しむことができない、そう感じる人が増えてきたのでしょう。教養のある人になりたいと考える人が増えています。

昔の教養と今の教養はここが違う

しかし、教養の意味合いが以前と今とでは少し変わってきたように思います。

かつては、教養は、学識のある人間が社会に出て恥ずかしくないように知的に振る舞うために必ず身につけなくてはならないものとみなされていました。そのために、まるで勉強の延長のようなニュアンスがありました。

「教養を高めるためにこの１００冊を読破」といった当時のうたい文句をしばしばみかけた覚えがありますし、「文明国の人間として恥ずかしくない程度の文学大系やクラシック音楽名曲集、世界の美術作品などをそろえたい」という意識を多くの人が持っていたように思います。経済的に余裕のある家庭、学識を高めようという家庭には、戦後、このようなものがそろっていました。

その背景には、西洋に追いつこう、西洋の文化を身につけようという思いがあったでしょう。そもそも、教養とは英語のcultureの訳語です。cultureは「文化」とも訳されますので、実は教養と文化は同じような意味を持ちます。ラテン語の「耕す」cultusを語源とし、粗野な自然のままの精神を耕して、実りをもたらすための素地を作ることを意味しています。世界全体が自然状態から耕された状態になることを「文化」と呼び、個人のレベルで同じことが起こるのを「教養」と呼ぶと考えてよさそうです。いずれにしても、きわめて西洋的な概念です。

明治以降も、そして戦後も、日本は西洋先進国に追いつくことを目指し、人類の英知にあふれた西洋文化を学んで自分を高めるために教養が求められました。いいかえれば、西洋という手本を持ち、それに到達するために教養をつけようという意識を持ったのです。

ところが、今では教養の意味あいが異なります。教養を身につけようとしている人も、かつてのようにがつがつと知識を得ようという意識を持っているようにはみえません。西洋人の後を追いかけようとしているようにもみえません。現在では、ネットにつなげば知識はすぐに得られますから、細切れの知識をたくさんつけてもあまり意味がありません。

しかも、様々な文化がパソコンでアクセスできます。古典文学も美術作品も音楽もパソコンによってすぐに味わうことができます。外部記憶装置はパソコンに任せられるようになった今では、知識量も蔵書量もほとんど教養としての意味を持ちません。

そして、言うまでもなく、日本は世界の文化的先進国です。かつての世代のように西洋に対しての劣等感を持っていません。西洋人をお手本にする必要を感じていません。教養の意味が以前と違ったものになるのも当然なのです。

現代の教養とは「自分を耕すこと」だ

では、誰もが簡単に知識や文化に接することができるようになった現代において、教養とは何なのでしょう。

私は、現代における教養とは、芸術、文化を味わっていること、楽しんでいることそのものだと考えています。あくせくした日常から離れ、日常の価値観にがんじがらめにされるのではなく、もっと広い視野をもって人類の文化を楽しみ、多くの価値観を許容し、自分の価値観を広めることだと考えます。

現在、人々は経済活動に汲々とし、生きる喜びや文化の楽しみを味わうことができずにいます。自分の狭い価値観を絶対視し、敵を作り、自分を売り込み、「金がすべて」とみなして生きていくことを強いられることもあります。だからこそ、このような教養が求められているのです。教養を持つことによって様々な文化を知り、人の複雑な心を理解し、広い視野に立つことができます。

私は、これからの時代に教養というのは、まさしく自分を耕すことを言うのだと考えています。誰かによってあてがわれた何かの目標や手本に向かって必死に勉強し、邁進するのではなく、自分のために、自分の楽しみのために自分を耕し、人生の実りをもたらすための素地を作ることを意味します。

基本的に勉強としてではなく個人で行うことですから、楽しくなければ続きません。苦しんで身につけるのではなく、楽しみとして、遊び感覚で身につけるものです。いえ、身につけるという言葉も間違っているかもしれません。楽しんでしているうちに、いつの間にか教養が身についているというのが、現代の教養の正しいあり方だと私は思うのです。

とはいえ、ゲームやパチンコなどを楽しんで行っても、それは教養ではありません。先ほども説明した通り、教養というのは「文化」と同じ意味です。私は、これまでの人類が高めてきた文化を個人として身につけるのが教養だと考えています。

ギリシャ時代、あるいは中国の殷《いん》の時代から、人類は様々な文化を創り出し、それを現代にまで引き継いできました。このような人類の誇る文化を、現代に生きる自分で味わいなおす意味があると考えます。教養とは人類の文化を個人で復習することです。人類の文化のエッセンスを味わうことです。

ネット時代、10年分の教養が短期間で身につく

教養は長い間の積み重ねによって身についてゆくのであって、ひと月やふた月で簡単に身につくようなものではない、数年、数十年かかる……そのように思われていました。

確かに、かつての教養はその通りでした。もちろんこれからも教養は長い時間をかけてじっくりと熟成し、自分のものになっていくでしょう。しかし、今はインスタントの世の中。あらゆるものがすぐにでき上がるようになっています。

かつては、「寿司を一人前に握れるようになるには10年かかる」「職人として一人前になるには15年かかる」などといわれていました。しかし、それらは過去のことです。今では、学生や主婦がほんの少しの研修を受けて寿司を作っています。本格的な寿司職人でも数か月の修行で一人前になるといわれます。かつては厳しい徒弟制度の下、長い時間をかけて

修業をし、きちんと教えられないまま兄弟子の真似をして身につけたのでした。現在では、もっと合理的に指導をし、省くべきことは省き、他人に任せられることは任せて、短期間で職人になれるようになったのです。

教養にも同じことが言えます。ネット社会の到来によって、情報がすぐに手に入り、芸術に気軽に触れることができるようになった現在、教養をつけるのにも、それほどの時間はかかりません。絵画でも音楽でもすぐに情報を得ることができます。

私は本書を手がかりにして、1か月もあれば、いっぱしの教養人としてスタートできると考えています。手際よく芸術と出会い、自分の好みをみつけ、基礎知識をつけてその道に入れば、1か月でかなりのものに触れることができます。情報が発達していない時代の10年分くらいの出会いが得られるでしょう。

繰り返しますが、もちろん教養は熟成することが大事です。時間をかけてこそ、少しずつ教養が増し、それが自分のものになっていきます。しかし、だからといって長い時間をかけなければ教養は身につかないものではなく、すぐに身につき始めるものなのです。長くかかるからといって放り出すのではなく、教養人としての第一歩を踏み出しながら、徐々にいっそう教養を深めていくことこそが、最も望ましいといえるでしょう。

2 教養の効用

先ほども書きましたが、教養は何かを目的にして身につけるものではありません。何かを目的として身につけるのではなく、楽しんで繰り返していたらいつの間にか身についていた……というのが教養です。したがって、何らかの効用を目的に身につけるものではないのですが、とはいえ、明らかな効用があります。それらを挙げてみましょう。

人生を楽しむことができる

教養をつけるということ、すなわち人類の文化に触れるということは、まさしく人類の宝を知るということです。たとえば、『源氏物語』を読み、ベートーヴェンの楽曲を聴き、フェルメールの絵をみるということは、歴史に残る文化のエッセンスを味わうことであり、人類の至宝を味わっているのです。これは人生を最高に楽しむことにほかなりません。

もちろん、映画をみることによっても、ゲームをすることによっても、憂さ晴らしの時間、楽しみの時間を作ることができるでしょう。そして、映画もゲームも間違いなく楽しいものですし、奥の深いものはたくさんあります。しかし、音楽や美術や文学などはもっと深く人間の豊かな知性に触れますので、いっそうの充実感があります。過去の偉大な精神に触れることができ、ほんの少しそれをおすそ分けしてもらえるのです。教養に触れることを毎日の習慣にすれば、毎日、充実を覚えることができます。

生きがいを見つけることができる

生きがいが生まれるのも、教養をつける一つの大きな効用です。芸術や文学に接することによって感動できます。素晴らしい芸術に出会うと、魂が震え、心の底から感動し、ときに興奮します。それによって生きる意欲がわく場合もありますし、人間に対する信頼を強めることもあります。

しかも、芸術や文学を愛するようになり、何らかの形で発信をすると、自然と仲間ができてきます。ツイッターやブログで発信すると、それを読んで共感してくれる人もできますし、会場で顔なじみができ、話をするようになります。カルチャーセンターなどに参加すると、いっそうコミュニケーションは盛んになります。その中には別世代の人もいるでしょう。ふだん、うちとけて話をすることのできない人と対等の関係で話ができるようになります。日常とは別のネットワークができます。

こうして、様々な面で生きがいを持ち、次のコンサート、次の展覧会を楽しみにし、その後の仲間との話を楽しみにできるようになります。

他人を理解できるようになり、人を見る目が育つ

人間は基本的には一つの場でしか生きることができません。一つの人生しか生きることができず、数少ない仕事しか経験できません。したがって、どうしても現在の日本の社会を中心に物事を考えます。それを絶対的なものと考えてしまいます。

しかし、古今東西の本を読み、古今東西の芸術を味わうことによって、様々な世界の様々な時代の人々の感覚、考え方、価値観を味わうことができます。小説を読むことによって、まさしく別の人種、別の時代の人生を生きることができるのです。そうすることによって、一つの価値観に閉じこもらずに物事を考えることができます。

そうすると、現代社会を相対化して考えることができ、多様なものの見方ができるようになるのです。多様なものの見方ができるようになると、必然的に様々な人を理解することにつながります。一つの価値観によって相手を断罪するのではなく、それぞれの人の言

い分も理解できるようになります。多様な価値観を心の中に持っているのですから、相手が言おうとしていることにどのような裏付けがあるのか、どのような正当化が可能なのかを理解できます。

そして、同時に相手の考えが間違っているときにも、その考え方の背景がわかるのですから、いっそう的確にその弱点を探り当てることもできます。つまりは、他人をみる目ができ、他人と心を通わせることができるようになるのです。

自分を見つめられるようになる

外の世界を客観的にみることができるようになるということは、自分をみることができるようになることでもあります。

人間には好みがあります。多くの人が感動しているのに自分はまったく感動できないということがしばしば起こります。逆に、ほかの人は無関心なのに、自分だけ深く感動することもあります。自分はどのようなものを好み、どのようなものを好まないのか、自分は何を求めているのか。芸術に接するうちに、自分の好み、自分の考え方、自分の価値観をみつめるようになります。

いえ、それればかりか、残酷な場面に惹かれる自分、悪に惹かれる自分に気づき、自分の中にある悪や残酷さを意識するようになります。冷静に自分をみつめられるようになります。

このようにしっかりと自己省察を行うことは、自分を過信せず、うぬぼれず、かといって逆にあまりに悲観することもなく、しっかりと世界をみて生きていけるようになります。

そうこうするうち、他人の心を知り、自分の心を知り、人生を知った人間になることができます。一言で言えば、人柄に深みが出るのです。

人間としての評価が上がる

教養を持つということは、人間としての評価が上がるということでもあります。

お金にがつがつし、目の前の利益しか考えず、スキさえあれば自分の利益にしようと考え、利益につながることにしかお金を使わないような人生は、本人にとってもつまらないだけではなく、周囲からみても、せせこましく見苦しいものです。そのような人は尊敬されないのです。

それに対して、直接的な利益にならない文化にお金と時間を使い、人生を楽しみ、人生を考えるような人であれば、おのずと余裕ができます。そもそもがつがつと自分の利益ばかりにとらわれませんので、多くの人に信頼してもらえます。

しかも、多様な価値観を身につけていますので、良い悪いを初めから決めつけず、相手の身になって考えることができます。どんな人からも「話を理解してもらえる人」とみなされます。最初から決めつけたりしません。人の話もきちんと理解しながら聴くことができます。しかも多くの分野に見識がありますので、誰とでも話が盛り上がります。

要するに、教養をつけることによって、下品さから抜け出すことができ、上品な振る舞いができるようになるということでもあります。

知的で上品で、もののわかる人、自分の利益だけでものを決めつけない人。そのような評価が得られるでしょう。

知的な家庭環境を生む

知的な階層の家柄の子どもは、特にがつがつと勉強しているようにはみえないのに、良い学校に入学し、知的に育ち、高学歴になって良い仕事につく傾向があるようです。一方、親があまり知的なものに関心を払わない家庭の場合、子どもを塾に行かせるなどの教育を施しても、なかなか勉強ができるようにならずに脱落してしまうことが多いと言われます。

　知的な階層の家庭には文化的な環境があります。家庭に知的な会話があり、クラシック音楽や文学作品や歴史書などに日常的に触れる雰囲気があり、家族でみるテレビ番組も教養にあふれたものです。子どもたちはそこで文化的な習慣を身につけていきます。そして、それが学力につながっていくのでしょう。

　教養を積むことによって、今は少々不足があっても、もっと知的な雰囲気の家庭にできます。文化的な雰囲気を家庭にもたらすことができるのです。そうしたことから、子どもたち、孫たちの将来に影響を及ぼすうえでも、教養は大事なものといえるでしょう。

3

手っ取り早く教養をつける方法

芸術は「出会い」で決まる

では、どのようにして教養をつければよいのでしょう。どのようにして芸術や文化に接するべきなのでしょう。

芸術に接してみたけれど、少しも楽しくなかった、ちっとも感動できなかった……。そのような経験を持っている人も多いことでしょう。そのような経験を二、三度して、芸術への関心をなくしている人も多そうです。

何かに興味を持つかどうかは、ひとえに最初の出会いにかかっています。芸術との出会いは、人との出会いと同じです。どの人に出会ったか、どの芸術に出会ったかによって、その人や分野が好きになったり、嫌いになったりします。

あるとき、何かの曲に感動して音楽の世界にのめりこみます。絵をみて感動して美術が好きになります。そのような出会いがあるからこそ、その後のエネルギーがわいてきます。

芸術に接してみたけれど関心を持てなかったという人は、単に出会いに恵まれなかったにすぎません。

芸術作品にも様々なものがあります。作品は人を選ぶといってもよいかもしれません。その人の好みの芸術作品があります。好みでない芸術作品もあります。初心者にもわかりやすい芸術作品もあります。初心者では歯の立たない芸術作品も少なくありません。自分の好みとその芸術作品の難易度がぴたりと合ったとき、良い出会いとなり、それに心を惹かれます。芸術を愛する人たちは、言ってみれば良い出会いに恵まれた人たちなのです。

一つの出会いからどんどん広がる

初めは一つの出会いです。が、本当にそれが良い出会いでしたら、どんどんと出会いが広がっていきます。一人の友だちができると、それをきっかけに世界が広がって、次々と新しい友人ができるのと同じです。

最初は一つの芸術作品かもしれません。が、それに関連して、その作品を作った芸術家のほかの作品に関心を持ちます。そして、同時代の別の芸術家、同傾向の別の芸術家へと関心が広がり、別の領域にも関心を持つようになります。

私自身の例をとりましょう。聞くところによると、ほかの知り合いのほとんどが、同じような道を通って芸術を楽しむようになったようです。

私は最初に音楽と出会いました。小学校の音楽の時間に鑑賞曲としてロッシーニ作曲の『ウィリアム・テル』序曲を聴き、それに感動したのでした。すぐに、モーツァルト、ベートーヴェン、ブラームス、ワーグナー等の作曲家の音楽を夢中で聴くようになり、それをきっかけに、音楽家や音楽をテーマにした小説（ロマン・ロラン『ジャン・クリストフ』、ヘルマン・ヘッセ『春の嵐』原題『ゲルトルート』）」やオペラの原作になっている作品（ボーマルシェ『フィガロの結婚』、プーシキン『エフゲニ・オネーギン』、ホフマンスタール『ばらの騎士』、ビュヒナー『ヴォイツェック』）を読んで、文学を好むようになりました。そして、そのころから美術、哲学、歴史などにも関心を広げていったのでした。

まずは、自分の関心のある領域を扱っている文学作品、芸術作品に触れてみるのはどうでしょう。

たとえば、旅行好きの方でしたら、その土地を扱った小説を読んでみてはどうでしょう。川端康成、志賀直哉などの文豪の作品に温泉地などを舞台にした小説はたくさんあります。パリを描いた小説家や画家はもちろんたくさんいます。酒や料理、釣りなどについての蘊《うん》蓄《ちく》が語られる小説などもあります。そのようなことも今ではネットで簡単に調べられます。

まずは楽しむこと

昔、何かに夢中になった時のことを思い出してください。たとえば、野球に夢中になった方は多いでしょう。その場合、最初にあるチーム、ある選手のファンになるでしょう。そのチームや選手を追いかけているうちに、野球全体に詳しくなっていきます。

一つのことをしっかりと追いかけ、そこに傾注すれば、おのずと領域は広がっていきます。初めから欲張って領域を広げるべきではありません。

教養は、いろいろなことを少しずつ知っていることではありません。あらゆる方面にものしりであることでもありません。一つの領域をできるだけ深く考えてこそ、ほかの領域についても深く理解できるのです。一つの領域において浅い理解ですと、それ以外の領域についても浅くしか理解できないのです。

かつて、教養をつけたいと思ったら、『世界文学全集』全巻をそろえることが流行しました。もちろん、文学全集などを購入するのは素晴らしいことです。私自身も何種類かそろえています。しかし、教養をつけるためにそのようなものをそろえても実際に役立つことはほとんどないでしょう。

全集をそろえると、どうしても「読まなければならない」というプレッシャーを感じます。しかし、すべての巻に興味を引かれるわけではありません。どの順番に読んでいけばよいのかもわかりません。とりあえず第一巻から読み始めてすぐに挫折して、読まなくなり、そうこうするうちに、値段の張る置物になることが圧倒的に多いはずです。

すべてそろえるのは、ずっと後でよいと思います。それよりは、一冊ずつ、興味のある本を読み進めていくべきです。一人の作家に惹かれ、同じ作家のほかの本を読み、それに触発されて別の作家、別の評論家へと進んでいき、だんだんと興味の範囲が広がっていきます。そして、文学から別の領域へと関心が広がっていくのです。

文学全集などを買うのは、すでにかなり読んで、その後、意識的に大系立てて読んでみたいと思ったときでよいでしょう。

わからなくてよい

文学や芸術に関心を持ち始めて、すぐにぶつかるのは、「難しい」「わからない」という壁です。

文学作品を読んでも、時には難しくて理解できないことがあります。音楽や美術作品も「なにが言いたいのかわからない」「よい作品なのかどうかわからない」「退屈してしまう」といったことが起こります。

しかし、「わかる」ということは、ともあれあまり気にしなくてよいと私は考えています。おもしろいところ、楽しめるところがあればよいと思うのです。

芸術作品において「わかる」「理解する」というのは、とても難しいことです。文学や芸術とみなされるもののほとんどは、わかりにくいものです。それを愛する人も、必ずしも理解しているわけではないのです。

たとえば、私は大学院では文学を学びました。文学に関する翻訳書も出しています。論文も書いていますので、一応、教養のある人間と自称する資格はあると思います。が、わからないことだらけです。

私の愛するワーグナーの大作楽劇『ニーベルングの指環』も、結局ワーグナーは何をしたくてこのような大作を書いたのか、この大作は何を訴えかけようとしているのか、何がテーマなのか、さっぱりわからずにいます。この楽劇を愛するようになって50年以上たち、実演はもちろん録音や映像をふくめて何十回、何百回とみ、これらに関しての本を何十冊も読んできているのに、まだわからないところだらけです。

わからないことが多いからこそ、なんとか自分なりに理解しようとして調べ、考えるのです。初めからすっきりわかるような単純なものでしたら、それほどの名著、名作として知られていないのです。

ですから、「わかる」「理解する」ということはひとまず留保してください。そもそもわかるはずのないことだと考えてください。そのうち、徐々にわかってくればよいことだと気楽に考える必要があります。

「嫌い」を大事にしよう

たとえばクラシック音楽に関心を持ち始めると、すべての作曲家、すべての演奏家に関心を持たなければいけないかのように思ってしまう人がいます。クラシック音楽好きは、すべての大作曲家を尊敬しなければならず、それに感動しない自分は教養を持つ資格がないのではないかと思いこんでしまうのです。

まず初めに確認しておきたいのは、一言で芸術といっても、様々なタイプ、様々な雰囲気の作品があります。芸術に触れていくうちに、だんだんと好きな領域が増えてくる傾向にありますが、しかし、人に好き嫌いがあるのは当然です。馬の合う人、合わない人がいるように、どんなに名作とされている作品でも、まったく感動しない作品があるものです。

作家を好きになるということは、その世界観に共感するということです。そうだとすると、当然のことながら、共感できない世界観、共感できない人物ができるのは当たり前です。

私の知り合いの日本を代表する演奏家に、「チャイコフスキーが大嫌い」と公言している方がおられます。大指揮者の中にも、「あの作曲家が嫌い」とはっきりと語る人が多くいます。かくいう私はマーラーという作曲家が大嫌いです。マーラーの音楽が少し聞こえてくるだけで怖気《おぞけ》立ってしまいます。

私はそのような「嫌い」という感覚を大事にするべきだと思います。そうすることによって、自分がどのような思想に共感するのか、何を嫌うのかが明確になり、自己発見にもつながるのです。

すべての作曲家を好きになるというのは、すべての人を好きになるのと同じことで、むしろ無理難題です。好きな作曲家、嫌いな作曲家がそれぞれにあることを認めあいながら、それぞれの音楽観を明確にしていくことが大事なことだと私は思います。

ただし、レベルがある

好きな芸術家、嫌いな芸術家を大事にするべきだと語りました。とはいえ、作曲や画家にも、「レベル」とみなされるものがあるのもまた事実です。

芸術のなかにも、「レベルが高い」と思われている芸術家とそうでない芸術家がいます。たとえば、バッハやベートーヴェン、ブルックナー、マーラーなどはレベルの高い芸術家とみなされています。一方、チャイコフスキー、プッチーニ、ドニゼッティなどは手法的に単純で、情緒に訴えかける要素が強いためにレベルの低い作曲家とみなされるようです。

このような芸術家の「ランク付け」は一般の本の中ではなかなか読み取れませんし、表立って言われることは少ないのですが、音楽通の暗黙の共通認識としてあります。ですから、「私はチャイコフスキーが大好き」と言うよりも、「バッハが好き」と言うほうが、周囲からは一目置かれることになります。チャイコフスキー好きは、音楽通とは言えない、聴き始めて間のない人だという扱いをされるでしょう。

美術についても、「ルノワールが好き」「ミレーの農民画が好き」などと言うと同じような扱いを受けます。

もちろん、はじめのうちはそのようなことを気にする必要はありません。しかし、徐々にそのような「ランク」を知る必要があります。そのうえで、一般には低い扱いを受けている芸術家に共感し、その良さを徐々に理解していくことが大事だと思います。

カルチャーセンターを利用

教養のために必要なのは、あくまでも楽しむことです。しかし、そこに知識は必要です。楽しむうちに、もっと知識を増やしたくなってきます。もちろん、自分一人で知識を増やすのもよいのですが、カルチャーセンターを利用するという方法もあります。

カルチャーセンターが各地にあります。カルチャーセンターといっても様々です。そこで扱われている内容も様々です。ですが、音楽、文学、美術などの講座のあるカルチャーセンターは多いでしょう。興味のある分野でしたら、ぜひ受講してみることをおすすめします。

カルチャーセンターに通うことによって、自分一人では手の届かない資料をみることができるでしょう。知識の豊富な講師に様々なことを教えてもらえるでしょう。知識が増え、楽しみが増えるでしょう。受講生同士の交流ができて、いっそう楽しむことができるようになるかもしれません。

語らいを楽しもう

芸術を楽しんだら、その後の語らいを楽しみましょう。コンサートの後、美術館巡りの後、軽い食事や飲み会などをしたらどうでしょう。感動を語り合い、お互いの情報を交換し合い、楽しみを分かち合います。

このタイプの飲み会の場合、どうしても過去の感動体験の自慢大会になることがあります。音楽好きでしたら、「私は1967年のバイロイト音楽祭の大阪引っ越し公演をみたけれど、あれはよかったねえ」「私はザルツブルク音楽祭に毎年行っているけれど、昨年は最高だった」などと言い出す人間が必ず出てきます。美術館好きでしたら、「今年、フェルメールをみるためにオランダとニューヨークに行ったのよ」などと言います。

これは、はたからみると嫌味な会話かもしれません。しかし、それはそれで、当人たちにとってはとても楽しい会話なのです。それを楽しんで聞けるのでしたら、ぜひ、そのようなグループに加わりましょう。が、もし、その種の自慢話があまりお好きでないのなら、もう少し自分と似た人たちのグループを作りましょう。

ともあれ、仲間内で盛り上がり、新しい友人を作り、新たな芸術をもとめましょう。そうすることで人生がいっそう楽しくなってきます。

ところで、このような場でも、一目置かれるようなことを話してこそ、教養人です。言ってみれば、このような会は、その人の実力が試される場でもあります。ここで自分の感想を語ることによって、自分の芸術についての考えをわかってもらってはどうでしょう。

第2章以下で、どのような会話をすれば一目置かれるのかについてもお話しする予定です。

発信しよう

コンサートに行ったり、本を読んだり、美術展をみたりしたら、その感想をまとめてはいかがでしょう。

もちろん時間がなければメモ程度でもよいのですが、できれば少し長めに書いて、ネットなどで多くの人に読んでもらうことをおすすめします。

自分で考えているだけでは、すぐに忘れてしまいます。メモのような形で他人にみせないでいると、考えがしっかりまとまりません。他人に読んでもらい、それについて意見交換をして考えを深めてこそ、自分の意見がはっきりしてきます。他人に向けて一度きちんと語り、もうひっこめることができなくなってこそ、自分の意見として定着すると思います。

よくブログに、「とても息の合った素晴らしい演奏に感動しました。ありがとうございました」というようなことを書いたり、演奏家とのツーショット写真をアップしているのをみかけますが、私としては、もう少し感想をはっきりと書いてこその教養だと思います。なお、どのようなことを書くかについては、芸術領域ごとにのちほど説明します。

クラシック音楽と美術と日本芸能の鑑賞のすすめ

では、教養を高めるために、どのようなことをすればよいのでしょう。

私がもっとも簡単に教養を深める方法は、クラシック音楽と文学と美術と日本芸能の鑑賞です。

もちろん楽器演奏も短歌や俳句を作るのも、小説を書くのも教養を深めるよい方法です。それができるようになれば素晴らしいと思います。しかし、そのようなことはかなり難易度が高いように思います。私も〝五十〟の手習いでチェロの演奏をしてみましたが、まったくものになりませんでした。俳句を作ろうとしたこともありましたが、才能不足を痛感するばかりでした。

それに対して、ここに挙げたのはすべて鑑賞です。自分で何かをするわけではありません。ただ、みたり聞いたり読んだりするだけです。それだけで無限の喜びが得られ、教養が得られるのです。これらには大した忍耐力も要求されません。

クラシック音楽であれば、1時間半程度のコンサートの間、黙って座っているだけです。文学作品でしたら、本を読みさえすればいいのです。美術館巡りであれば、30分ほど歩きまわるだけです。それを続けるだけで教養が身につきます。お金は多少かかりますが、それほどの金額ではないはずです。

ただし、1年間ほどは続けてください。その間、たとえばコンサートに行ったり、CDを聴いたり、ネットで音楽を探したりすれば、十分に音楽通になれます。おそらく、その時には、のちに説明する通り、ほんの数秒音楽を聴いただけで、それが誰の作曲した曲なのかすぐにわかるようになっているでしょう。一目みただけでそれが誰の絵なのかわかるでしょう。

具体的にそれぞれの領域の教養のつけ方については、第2章以降で説明します。

第2章

クラシック音楽という教養力

——テレビドラマ好きはオペラから入るといい

クラシック音楽は「高尚な趣味」か

クラシック音楽ほど、すでに足を踏み入れたことがあるかないかによってイメージの異なるものはないといえそうです。

クラシック音楽になじみのない人に私がクラシック音楽好きだと伝えると、しばしば「高尚な趣味をお持ちですねえ」と言われます。「クラシック音楽は癒しになるので、私も聴きたいと思っているんですけどね」などとも言われます。どうやら、足を踏み入れていない人は、クラシック音楽を「高尚な趣味」「癒し」と考えているようです。

が、クラシック音楽を好む人の中に、そのように考えている人は皆無に近いのではないでしょうか。

もちろん、癒しになるような曲もたくさんあります。しみじみと心に訴えかけ、身体を寛《くつろ》がせることができ、ゆったりと幸せに耽《ふけ》ることのできる曲もあります。バッハやモーツァルトにとりわけそのような名曲がたくさんあります。

しかし、クラシック音楽のすべてがそうであるわけではありません。それどころか、楽曲のほとんどはむしろ正反対といってよいでしょう。心をかき乱し、魂をわしづかみにし、感動や官能や恍惚《こうこつ》の中に人々を巻き込むような音楽も少なくありません。クラシック音楽愛好者のほとんどが、そのような圧倒的な感動を求めて音楽を聴いているのです。

たとえば、ベートーヴェンの交響曲第7番の第3楽章と第4楽章。激しいリズム、怒涛の音響、しかもこけおどしではない人間の心の奥底に訴えかける激しさ……。これを「癒し」とは言えないでしょう。また、オペラには愛情と憎しみと復讐と怒りと殺人が渦巻いています。「高尚」というものからこれほど程遠い世界は考えられません。

音楽は言うまでもなく芸術です。美術と音楽の共通点はたくさんあります。美術作品の中に、癒しになるような風景画もあるでしょう。しかし、ゴッホのひまわりの絵やムンクの叫びの絵を癒しと考える人は少ないでしょう。音楽も同じです。しかも、音楽は時に大勢のオーケストラ団員、時には巨大な舞台を伴うオペラという形で上演されます。しばしば音の渦に巻き込まれ、我をなくすほどの感動の極致を味わうことになります。

クラシック音楽はなじみにくくて高尚で、癒しになるような退屈なもの……という先入観をまずは捨ててください。

第一歩を踏み出すコツ

クラシック音楽になじむなら、最初に何を聴くべきか。そんな質問を受けることがあります。

先ほども説明した通り、芸術を愛する道に入るかどうかは、最初の出会いが大事です。ところが、音楽の場合、ほかの芸術分野に比べると、少し出会いが難しいといえるかもしれません。

美術であれば、美術館に行ってざっとみて回ったり、図書館や書店に行って画集をみれば、自分の気に入る絵に出会うことができます。それをきっかけにして、美術にのめりこんでいくでしょう。しかし、音楽の場合、ある程度の時間を使う必要があります。絵のように、一瞬でいくつもの作品をみることはできません。

最初にどのような作品を聴けばよいのかは確かに大事な選択になります。

ここで一つイエス・ノー・テストをしてもらいましょう。

◆あなたはテレビでは、ドラマをみて楽しむことが多いですか

◆あなたは小説や漫画を読むことがありますか
◆あなたはテレビのバラエティ番組などを楽しみますか

3つの質問に2つ以上イエスと答えた人には、最初に聴くものとして、オペラをおすすめします。2つ以上ノーと答えた人、つまりドラマや小説、バラエティ番組をおもしろいと思わずに、報道番組や宇宙、健康などに関心のある方は、それ以外の音楽のほうを好む傾向があります。

オペラはドラマですので、テレビドラマや小説。漫画を好む人は、間違いなくオペラが大好きになります。バラエティが好きな人も、エピソードや小話が好きなわけですから、オペラで満足できます。そのような人は、まずはオペラでクラシック音楽になじんでください。その後、少し別の領域に広めると、すんなりと音楽の世界に入ることができるでしょう。

1

オペラのすすめ

少し前まで、日本でオペラというと、一部の特殊な人の好むへんてこな声で歌うお芝居であり、様々なクラシック音楽を聴いてきた後で、最後に到達するジャンルと思われがちでした。

しかし、先入観を捨てて聴いてみてください。すぐに名歌手たちの声の威力に圧倒されるはずです。「人間にこれほどの美しい声、これほどの高い声、これほどの大きな声が出せるのか」「人間がこれほどの早口でこれほど楽しい気分を作りだせるのか」と圧倒されること、間違いなしです。変な発声のおかしな声に聞こえたのは、実はそれを歌っていたのが名歌手ではなかったからなのです。

しかも、オペラであれば、まったくの初心者でも楽しめる作品がたくさんあります。オペラは音楽だけの楽しみではありません。オペラとは言うまでもなく、音楽のついた劇です。ストーリーがあります。舞台をみる楽しみもあります。歌手たちは同時に役者でもあります。それぞれの歌手の素晴らしい声を味わい、容姿の美しさ、衣装や舞台装置の見事さ、そして演出の解釈を楽しむことができます。しばしばバレエも披露されますので、そうした面からも楽しむことができます。要するに、退屈しないで楽しむことのできる要素にあふれているのです。

オペラは基本的に外国語で歌われるわけですから、言葉がわからないことについて不安を感じる人がいるかもしれませんが、現在ではほとんどの場合、字幕が出ます。アメリカ映画を字幕付きでみて、多くの人が特に不自由を感じないのと同様、オペラでも字幕をみることによって十分に楽しめ、感動できます。

そもそも、現在上演されるオペラのほとんどはイタリア語かドイツ語で歌われるわけですが、それをアメリカやフランスなどの言語の異なる国の人々が楽しんでいます。いえ、それどころか、ドイツ語で歌われているオペラをドイツ人が聞いても、聞きとれないことも多いようです。つまり、オペラで言葉が聞きとれないからといって、何ら引け目を感じる必要もなく、世界中のほとんどの人が、言葉を十分に聞きとれないまま感動し、楽しんでいるのです。

何から見るといいか

では、最初にどのようなオペラを、どこでみるべきでしょうか。

私は、まず実演を探してみることを勧めます。

首都圏ではたくさんのオペラが上演されています。ほとんど毎週のように何らかの団体による本格的なオペラ上演があるでしょう。年に数回は海外の世界的な劇場の引っ越し公演が行われます。オペラの名場面を集めたコンサートは毎晩のように小さなホールで行われています。

そんななか、もっとも安定して高いレベルの公演を毎回行っているのが、東京新宿区の初台にある新国立劇場です。年に10の演目を上演します。主役格には海外から有名歌手が招かれ、世界の一流歌劇場に比べて遜色のない公演を続けています。

また、東京二期会と藤原歌劇団という2つのオペラ団体が新国立劇場にも負けない高レベルの上演を続けています。そのほか、関西二期会など、日本各地にオペラ団体があり、市民オペラも活発に行われています。

なかなか実演をみることのできない地域に住んでおられる方は、都市部でオペラのライブビューイングと呼ばれる、映画館でオペラの臨場感そのままに世界最高レベルのオペラ上演が中継される映画が上映されています。ニューヨークのメトロポリタン歌劇場（ＭＥＴ）のライブビューイングがとりわけおすすめです。オペラ界の大スターたちが最高の歌を聴かせてくれますし、指揮や演出も誰もが楽しめるように作られています。

そのほか、英国ロイヤルオペラ、パリのオペラ座のライブビューイングも全国で上映されていますので、調べてみてはどうでしょう。

そのようなところに出かけるのが大変な方は、市販のＤＶＤやブルーレイを楽しむことができます。ただ、これらのショップで購入できるものの中には、日本語字幕の入っていないものも含まれますので、購入の際は気をつける必要があります。

初心者でもハズレのないオペラ作品リスト

上演されるオペラは、演奏者や主催者が知恵を出し合って、多くの人に喜んでもらえる演目を選んでいます。ですから、どれも間違いなく楽しいものだといえるでしょう。

しかし、最初から「通好み」の演目に出会ってしまったら、初心者は楽しめません。まずはわかりやすく楽しいものから始めるべきでしょう。

初心者でもすぐに楽しめて、多くの人が感動する演目を挙げてみましょう。

★初心者でも楽しめるオペラ演目　ベスト10

❶ヴェルディ『椿姫』

親しみやすいメロディの連続です。しかも、多くの観客はヒロインであるヴィオレッタの悲恋に心を動かされるでしょう。歌手たちの見事な声も堪能できます。よくできた舞台でしたら、終幕では涙なしではみられないでしょう。イタリア・オペラを代表する作曲家ヴェルディにはほかに『リゴレット』『イル・トロヴァトーレ』などの初心者にも十分に楽しめるオペラがありますが、2時間程度という演奏時間とストーリーのわかりやすさからも『椿姫』が一番でしょう。涙もろくてメロドラマの好きな方は間違いなく楽しめると思います。

❷レオンカヴァッロ『道化師　イ・パリアッチ』

1時間半かからない短いオペラです。しばしば同時代のイタリアの作曲家マスカーニの『カヴァレリア・ルスティカーナ』と同時上演されます。ヴェリズモ・オペラと呼ばれ、人間の心の奥の真実をえぐるようなストーリーです。屈折した人間の感情、激しい愛と復讐、道化師の悲しみなどがドラマティックな音楽で描かれます。不倫や復讐を描く昼メロや韓流ドラマの好きな人はきっとこれも楽しめるでしょう。

❸ヨハン・シュトラウス2世『こうもり』

正確に言えば、オペラではなく、オペレッタ（「喜歌劇」などと訳されます）です。親しみやすいメロディの連続によって大人のドタバタ劇が展開されます。ユーモアにあふれていますので、笑い転げながらも、最後には楽しい音楽によって大きな感動を得ることができるでしょう。コメディ好きにおすすめです。

❹ロッシーニ『セビリアの理髪師』

オペラ・ブッファと呼ばれる喜劇オペラです。ロッシーニ特有の軽快で溌剌《はつらつ》として生き生きとした音楽を楽しむことができます。また、それぞれの登場人物にテクニックを駆使した楽しいアリアが用意されており、歌手の声を存分に楽しめます。ストーリー的にもとても面白く、序曲から最後までまったく退屈する間もなく最終場面に達します。これもコメディ好きな人向けです。

❺ビゼー『カルメン』

魔性の女カルメンが生真面目だった兵士ドン・ジョゼ（一般にはドン・ホセと呼ばれま

す）を手玉に取り、最後には殺されてしまう物語です。有名な前奏曲に始まり、カルメンの魅力いっぱいの色気にあふれる歌や闘牛士の勇ましい歌など、親しみやすい歌にあふれています。激情にあふれた恋の物語が好みの方はきっと楽しめるでしょう。

❻モーツァルト『フィガロの結婚』

召使いフィガロがスザンナと結婚しようとしている矢先、主人である伯爵がスザンナに言い寄ってきます。フィガロが伯爵をぎゃふんと言わせる話ですが、物語の面白さもさることながら、次から次に繰り出されるモーツァルトの音楽に圧倒されます。珠玉の名オペラです。品のよい喜劇がお好きな方、音楽美に酔いしれたい方にはお勧めです。

❼モーツァルト『魔笛』

モーツァルトの最後のオペラです。最高に愉快なパパゲーノのアリア、美しいメロディにあふれるタミーノやパミーナのアリア、そして超絶技巧を駆使する有名な夜の女王のアリアなど、美しい音楽にあふれたファンタジー・オペラです。ストーリー展開に少し不自然なところがありますが、そんなことは気にならないほどの音楽の美しさです。ファンタジー好きの方は間違いなくこのオペラを好まれるでしょう。

❽ドニゼッティ『愛の妙薬』

片思いを寄せる女性に愛してもらおうと怪しげな愛の妙薬を手に入れ、ともあれ思いを遂げる素朴な村の青年の話です。ストーリーがわかりやすく、演奏時間も短く、しかも楽しい音楽にあふれていますので、初心者向きです。終幕の少し前に主人公の歌うアリア「人知れぬ涙」は絶品です。ハッピーエンドで終わる軽いラブコメディ好きにはこのオペラがぴったりです。

❾プッチーニ『ラ・ボエーム』

パリに集まる芸術の卵たちの2組の愛の物語です。とりわけ、詩人ロドルフォに愛されながら肺病で命を失う貧しいお針子ミミの薄幸の姿は観客の涙を誘います。甘くて親しみやすいメロディですので、感情移入しやすく、深い感動を得る人が多いでしょう。切ない恋の物語のお好きな方にはぴったりのオペラです。

❿ヴェルディ『アイーダ』

古代エジプトを舞台にして、敵の武将を愛してしまったために、悲劇を迎える男女の物語です。勇壮な音楽や愛の苦しみを歌う音楽が感動を呼びます。誰もが知っているメロディが飛び出してきます。壮大なスペクタクルの好きな方にはうってつけのオペラです。

★人によってはハマるオペラ演目　ベスト10

少しオペラに慣れてきたら、ぜひもっと「通好み」とされているオペラにもふれてみてください。前に挙げた10作ほどはポピュラーではありませんが、これらは大傑作として知られているオペラです。これらのオペラを初めてみても、その面白さ、その凄まじさに驚嘆して、オペラ愛好者になっていく人も少なくありません。

❶ヴェルディ『ドン・カルロ』

ヴェルディには先に紹介したオペラのほかに『リゴレット』『オテロ』『ファルスタッフ』などの名作がありますが、ドラマティックでありながら完成度が高いとされるのはこの『ドン・カルロ』です。愛した女性が父親である国王の妻になってしまった王子の悲劇を描きます。愛の葛藤、親子の葛藤、宗教の葛藤、友情などが素晴らしい音楽によって描かれています。

❷ベッリーニ『ノルマ』

ベッリーニは早世したイタリアのオペラ作曲家です。高貴で気高い登場人物を描くのを得意としました。とりわけこの『ノルマ』は、古代ローマ時代を舞台にして、キリスト教徒を愛してしまった異教の女性ノルマの激しくもけなげな生と死を描きます。ヒロインの有名なアリアをはじめ、聴きどころがたくさんあります。

❸ワーグナー『タンホイザー』

大作曲家ワーグナーは名作オペラをたくさん残していますが、最もわかりやすく、魅力的なメロディにあふれているのがこの『タンホイザー』です。愛欲のゆえに信仰を失ったタンホイザーが聖女エリーザベトの犠牲によって救われるヨーロッパ中世の物語を甘美でありながらも勇壮な音楽物語としてみせてくれます。

❹ワーグナー『トリスタンとイゾルデ』

ワーグナーの最高傑作とされるのがこの楽劇です。毒薬のつもりで愛の魔酒を飲んでしまったトリスタンとイゾルデの悲恋の物語を陶酔するような半音階的な音楽によって描き出します。二人の愛の形が現世的なものを超えて形而上学的といえるまでに高められます。第1幕の愛の魔酒の場面、第2幕の愛の二重唱、第3幕の「愛の死」の場面は至高の宝だと私は思います。

❺ワーグナー『ニーベルングの指環』

神々の没落を描く大叙事詩です。『ラインの黄金』『ワルキューレ』『ジークフリート』『神々の『黄昏』の4つの連作楽劇を『ニーベルングの指環』とまとめて呼び、全部で14時間ほどかかる大作です。聴きどころにあふれ、人々を感動と陶酔に導きます。オペラ芸術がたどり着いた最高峰ともいえるものです。

❻チャイコフスキー『エフゲニ・オネーギン』

戯れに女性を誘い、ちょっとした恋のいざこざから親友を決闘で殺してしまったオネーギンと、そのようなオネーギンに惹かれながらも思いとどまるタチアナ。その悲恋をチャイコフスキーらしい暗くて哀愁に満ちた音楽によって描きます。ロシア・オペラの中で最も愛されている名作です。

❼リヒャルト・シュトラウス『ばらの騎士』

18世紀のウィーンを舞台に耽美的で蠱惑《こわく》的な世界が展開されます。美しき元帥夫人は若い貴族オクタヴィアンを恋人にしていますが、相手の心が自分から心が離れていくのを感じて、若い女性に恋人を譲ります。最後のとろけるような三重唱は絶品といえるでしょう。

❽リヒャルト・シュトラウス『サロメ』

イエス・キリストの登場以前、予言者ヨハネに恋をしながら相手にされなかったため、義父である領主の前でエロティックな踊りをみせて、その褒美としてヨハネの生首を求めた少女サロメの物語です。『ばらの騎士』と同じリヒャルト・シュトラウスのオペラですが、同じ作曲家の手になると思えないほどに鋭利で緊迫感にあふれ、倒錯的な雰囲気を高めています。

❾ベルク『ヴォツェック』

12音階で作られた無調のオペラですので、親しみやすい歌があるわけではありません。貧しい兵士であるヴォツェックが狂気の世界に入りこみ、別の男性に体を許した内妻を殺すまでの錯乱した世界を鋭利でありながらも甘美な音楽で描きます。人間の心の奥底に潜む狂気を描きだす芸術作品です。

❿ヤナーチェク『イェヌーファ』

ヤナーチェクは19世紀後半から20世紀前半にチェコで活躍した作曲家です。田舎の閉塞的な状況の中で苦しむ人々の愛と憎しみを描きだしています。『イェヌーファ』は嬰児《えいじ》殺しというテーマを扱っており、息苦しいまでに緊迫感にあふれていますが、幕が下りる少し前に愛の賛歌が感動的に歌われます。

予習しておこう

オペラの場合、前もってストーリーを予習しておくことを勧めます。オペラは西洋文化の産物ですので、現代の日本人からするとわかりにくいところがあります。また、オペラの台本は必ずしも、出来がよいわけではありません。

イタリア・オペラは娯楽性が強く、歌手の歌の競演という傾向が強いため、他愛のない台本が多く、ときにあまりに不自然な展開をみせたり、辻褄の合わないことがあります。一方、ドイツ系のオペラは文学的ですので文学的整合性は高いのですが、抽象度が高く、これまたわかりにくいことがあります。いずれにせよ、ストーリーが把握しにくいのです。

今では、ほとんどの場合にオペラ上演には字幕がついていますが、字幕があっても、あらすじを知らないオペラの場合、まったく理解できなかった……ということが往々にして起こります。ストーリーの理解に気をとられて音楽に集中できないこともあります。

ただし、あらすじをざっと読むだけではなかなかストーリーは頭に入りませんので、できれば台本を全部読んだりＤＶＤを入手して一度目にしておくとよいでしょう。予習をすればするほど、オペラを楽しめます。

オペラの公演は高額です。きちんと準備をして十分に元を取るほどに楽しむべきだと私は思っています。

演奏や演出を楽しもう

オペラの楽しみはいくつかあります。初めは作曲家の作った音楽そのもの、台本そのものに目が行きますが、すぐに演奏に関心が広がります。

もちろん、これまでみたことのないオペラを楽しむために会場に足を運ぶこともありますが、多くのオペラ好きたちは今回の公演にはお目当ての大歌手が出演する、話題の歌手が出演する、優れた指揮者が演奏する、おもしろい演出が行われるということで会場に足を運びます。そして、オペラをみた後も、あの歌手はよかった、これまで聴いてきた歌手たちと比べてどうだ、今回の演出は新しい解釈だったといったことを話すのです。

歌手の力は凄いものです。会場中に響く大声を拡声器なしで聴かせてくれます。しかも、一流の歌手になると音程もぴったりの信じられないような美声。歌だけでなく演技も見事、時に容姿もそろった歌手もいます。多くの観客が歌手の聞かせる声の威力に圧倒され、感動します。そしてもちろん、指揮者の力量も絶大です。ときには、指揮者の音楽の作りにほれぼれすることもあります。

演出も時に刺激的です。刺激的すぎて、元の台本と違いすぎることもありますので、初めのうちはオーソドックスな演出でみるほうがよいと思いますが、徐々に、思い切った解釈をみたい気になってくるものです。

前もって予習しておくと、前に聴いたことのある指揮者や歌手と比べてどうだったか、どんな点で演出が新しいかなどを判断でき、いっそう楽しむことができます。

「ツウだ」と思われる感想の話し方

ご夫婦でオペラ鑑賞。あるいはオペラをみた感想を友だちに語る。そんな場面こそ、教養を示す絶好のチャンスです。もちろん、オペラをみての感想は、率直に語ることが大事ですが、「素敵だったー」「すごかったー」と言うだけでは、それこそ教養を疑われてしまいます。次のような言い方をすると、教養豊かに思われるでしょう。少し参考にしてください。

「あの歌手のアリアの出だしの部分の低い声の響きはとてもすごかったね」

全体的に良かったとか悪かったというのでなく、どの部分なのか、どういうところに感銘を受けたかを具体的に付け加えます。逆に良くない場合にも、「あの歌手の高音の音程が不確かだった」「あの歌手の演技があまりの棒立ちだった」というように少し具体性を持たせて語ります。まだ初心者のうちは、「こう思ったんだけど、どうでしょう」というように質問する形にしてみましょう。

「あの歌手は役柄に合っていて、とても良かった」

オペラの場合、歌だけでなく演技、容姿も大事な要素です。また、歌にしても、声の質によって役柄に合っているかどうかがわかれます。もし、声の質や容姿が役に合っていないと思ったら、そのことを口に話してみるのもよいでしょう。

なお、オペラの場合、若い美男美女の役をかなり高い年齢の歌手が歌いますし、往々にして役柄として求められている体重よりも実際の体重のほうが30キロも40キロも上ということもあります。確かに気になることではありますが、これについてはなるべく目をつむるほうが上品ではあります。

「指揮者のテンポがとても良かった」

オペラを語る際に、指揮者について触れるのは、かなりのレベルの高さを示すことができます。ただし、指揮が良くないと思ったときには、指揮者の意図を理解したうえで、「このようにしたかったようだけど、私の好みではなかった」などと語るのが理想的です。

「オーケストラがとても良かった。特に第2幕のフルートが登場人物の悲しさを表現しているようで、とても感動した」

オペラを語る際に、オーケストラの楽器について語るのも、かなりレベルの高さを感じさせます。しばしば楽器がミスをしたりします。金管楽器のミスが特に目立ちます。そのようなときには、鬼の首を取ったように指摘しないほうがスマートだと思います。

「あの時、歌手がこんな動きをしたけれど、それにどんな意味があるんだろう。もしかして、演出家は……ということを示したかったのだろうか」

オペラをみた時に演出について語るのは好ましいことです。が、意図を理解しないで、「つまらない」とか「このオペラはこうあるべきなのに、そうなっていない」などと頭ごなしに決めつけるべきではありません。演出家はどのような意図でそうしているのか、どう解釈しているのかをできるだけ理解したうえで、非難するべきでしょう。ただし、いくつもの上演をみるまではなかなか演出意図について語るのは難しいと思います。

レビューを発信しよう

ある程度考えがまとまったら、ブログなどに書くのもよいでしょう。

ただし、そのオペラの上演にかかわった人の目に留まるかもしれないことを考慮に入れて書くほうがよいでしょう。もちろん、良くないものを良いと言う必要はありませんし、素晴らしくないものを素晴らしいと言う必要はありません。しかし、上演にかかわった人の思いを理解したうえで感想を書くべきでしょう。

頭ごなしに決めつけるのではなく、作る側はどのように考えていたのか、どのような事情があったのか、どのような解釈にしようとしたのかを踏まえて書きます。

〈ブログ例〉

昨日、娘と一緒に出かけて、新国立劇場で『セビリアの理髪師』をみた。とてもよかった。楽しめた。

歌手陣はフィガロを歌うダリボール・イエニス、バルトロのルチアーノ・ディ・パスクアーレ、ロジーナのレナ・ベルキナ、とても芸達者で声も素晴らしくて堪能した。


ヨーゼフ・E・ケップリンガーの演出はフランコ時代のスペインを舞台に移しかえている。ロジーナがバルトロにがんじがらめにされている状況を独裁時代のスペインの息苦しさに重ね合わせて、自由への息吹を描こうとしているのだろう。とてもおもしろいと思った。わいわいがやがやといろいろな人物が登場するのは、ロッシーニの猥雑《わいざつ》さを作り出すのが狙いなのかもしれない。

いやあ、やっぱりロッシーニは楽しいなあ……と、娘と楽しさを語らいながら満足して帰宅した。

2 オペラ以外

では、オペラ以外の音楽になじもうとするとき、どのような音楽をどうやって聴けばよいでしょう。コンサートはあちこちで開かれているけれど、どんな演目に行ってよいのかわからない、どんなCDを買ってみればよいのかわからないという人も多いと思います。

オペラをいくつかみて、音楽の素晴らしさに目覚めた人も、そして、オペラを敬遠して、それ以外の音楽から始めようとした人も、以下のことを参考にして、音楽の道に入ってはいかがでしょう。

何から聴くといいか

初めから本格的なクラシック音楽を聴くのはなかなか大変です。交響曲は短くても30分近くかかりますし、長いものになると1時間半近くかかります。

そこで、音楽へのトレーニングとして、「ホームミュージック」と呼ばれることのある親しみやすい名曲を聴いてみるのはどうでしょう。実際のコンサートでは、それがメインの曲として扱われることはほとんどありませんが、親しみやすい曲を集めたコンサートや、一般のコンサートのメインの曲の前のいわば前座の曲やアンコール曲などで演奏されることがあります。また、テレビCMやホテルのロビーなどでもよく聞こえてきます。

私は基本的に音楽というものは、「ながら聞き」ではなく、真剣に音楽に耳を傾けてほしいと思うのですが、これらの曲については、耳を慣らすために、車の中や作業中にCDなどをかけてみるのもよいでしょう。

・**バッハ「アリア」** バッハの管弦楽組曲第3番に含まれる曲です。心休まる名曲です。

・**モーツァルト『アイネ・クライネ・ナハトムジーク』** 天国的といえるほどの美しい旋律にあふれています。

・**ベートーヴェン『エグモント』序曲** ドラマティックで英雄的なベートーヴェンのエッセンスが10分足らずで味わえる名曲です。

・**シューベルト 歌曲『野ばら』** シューベルトにはチャーミングな歌曲がたくさんありますが、その中でももっとも親しまれている名曲です。

・**ロッシーニ『ウィリアム・テル』序曲** 静かに始まり、嵐が起こり、最後に軍隊の凱旋行進が描かれます。10分以内の中に大きなドラマが集約されています。

・**ショパン『幻想即興曲』** ショパンには親しみやすくて美しい曲がたくさんあります。とりわけこの曲は短い中に美しさが凝縮しています。

・**リスト『ラ・カンパネッラ』** 超絶技巧を凝らしたピアノ曲を多く残したリストを代表する華麗な名曲です。

・**チャイコフスキー『くるみ割り人形』組曲** バレエのための音楽から親しみやすい部分をとりだして組曲にしたものです。楽しくて親しみやすいメロディにあふれています。

・**ヨハン・シュトラウス2世『美しく青きドナウ』** ヨハン・シュトラウスはワルツやポルカなどの親しみやすい舞曲をたくさん作曲していますが、とりわけ『美しく青きドナウ』は名曲として親しまれています。

・**ビゼー『アルルの女』組曲** フルートで演奏されるメヌエットや管弦楽全体で演奏される「ファランドール」が有名です。

初心者でも楽しめるクラシック名曲リスト

トレーニングが終わったら、ぜひ本格的な曲を聴いてみてはどうでしょう。

以下に挙げる曲は、いずれも名曲の誉れ高いものです。しかも、それほど難解でもなく、長さもそれほどではありません。

・ヴィヴァルディ　ヴァイオリン協奏曲『四季』　『春』『夏』『秋』『冬』を描く4つの協奏曲から成る連作協奏曲。いずれもすがすがしくさわやか。とりわけ『春』が楽しめます。

・モーツァルト　交響曲40番　モーツァルトの晩年の曲は長調の曲であってももの悲しさが残りますが、この第40番のような短調の曲はまさしく悲痛。心を打たれます。

・ベートーヴェン　交響曲第5番　いわゆる『運命』。一分の隙もなく緊密に構成され、その中に「苦悩から歓喜へ」というベートーヴェンのモットーが盛り込まれています。このほか、交響曲第4番、第6番『田園』、第7番も名曲ですし、第9番は第5番を超えるほどの名曲です。

・ベートーヴェン　ピアノ・ソナタ第14番『月光』　ベートーヴェンのピアノ・ソナタは名曲ぞろいです。とりわけ親しみやすいのが『月光』でしょう。幻想的な第1楽章に始まって、ドラマティックな第3楽章まで、緊密に構成されて感動的です。そのほか、『悲愴』『熱情』も感動にあふれた名曲です。

・**ベルリオーズ　『幻想交響曲』**　交響曲と名付けられていますが、一人の青年が愛する女性に幻滅して殺し、死刑になって地獄落ちする様子が描かれます。おどろおどろしくもドラマティックな曲です。

・**ブラームス　交響曲第1番**　ブラームスの交響曲は推敲を重ねた完成度の高い名曲ぞろいで、いずれも感動的ですが、どうしても渋さが持ち味になってしまいます。第1番はその中では最も若々しいロマンティックな激情を内に秘めて、聴く者の心をとらえます。

・**ショパン　『英雄ポロネーズ』**　美しいメロディ、ダイナミックで英雄的な音色。ショパンの魂が集約したピアノの名曲です。

・**ドヴォルザーク　交響曲第9番『新世界より』**　冒頭から最後まで、親しみやすいメロディとわかりやすい展開で聴く人の心をとらえます。とりわけ、郷愁をかきたてる第2楽章、壮大な第4楽章は一度聴いたら忘れられないことでしょう。

・**チャイコフスキー　交響曲6番『悲愴』**　第1楽章の慟哭《どうこく》ともいえるような嘆きの音楽、第2楽章の悲しみ、そして第3楽章の劇的な高揚、第4楽章の沈み込む絶望。チャイコフスキーはこの曲の初演の9日後にコレラで急死しますが、まるで悲劇を予感しているかのような曲です。

・**チャイコフスキー　ヴァイオリン協奏曲**　チャイコフスキーは協奏曲の分野でも名曲を残しています。ピアノ協奏曲第1番も有名ですが、それ以上にチャイコフスキーらしい哀愁に満ちた激情の感じられるのがヴァイオリン協奏曲です。

・**ラヴェル　『ボレロ』**　同じ旋律がずっとつづきますが、楽器が変わり雰囲気が変わっていくのでまったく飽きずに感動して聴くことができます。

★人によってはハマる名曲

・**ヨハン・セバスティアン・バッハ　無伴奏チェロ組曲第1番**　バッハには無伴奏のヴァイオリンやチェロやフルートの名曲があります。とりわけ6曲の無伴奏チェロ組曲は器楽曲の頂点をなす名曲ぞろいです。たった1台の弦楽器で豊かな精神世界を築きます。

・**バッハ　『マタイ受難曲』**　バッハには多くの宗教曲の名曲がありますが、その中でもイエス・キリストの受難を描く『マタイ受難曲』は最高峰です。冒頭と最後の合唱、ペテロの偽証を歌うアルトのアリアなど音楽史上最高といえるような歌がそろっています。

・**ベートーヴェン　弦楽四重奏曲第16番**　ベートーヴェンは16曲の弦楽四重奏曲を残しました。中期の第7・8・9番も名曲ですし、12番以降の後期の作品もベートーヴェンの晩年の境地を描く稀有な名作ぞろいです。その中で私が特に推したいのは最後の第16番です。平明で短く、しかも晩年の孤高の世界を作りだしています。

・**シューベルト　歌曲集『冬の旅』**　チャーミングで美しい歌曲や室内楽曲を作曲していたシューベルトが、病を意識するにつれ、悲しみや絶望感が音楽に聞き取れるようになります。最晩年（といっても30歳前後です）の『冬の旅』は冬の旅をして人生の絶望と孤独を歌うロマンティックな詩に基づく名曲です。

・**ブラームス　クラリネット五重奏曲**　ブラームスはたくさんの室内楽の名曲を残しています。とりわけブラームスらしく渋くて達観にあふれ、しかも人間の悲哀を美しく奏でるのがこの曲です。モーツァルトのクラリネット五重奏曲とともに室内楽の最高峰を成すものです。

・**ブルックナー　交響曲第8番**　名曲ぞろいのブルックナーの交響曲の中でも、7・8・9番は別格です。いずれも1時間を超す大交響曲ですが、宗教性、深み、音のダイナミズムのすべてにおいて圧倒的な世界を展開します。

・**マーラー　交響曲第5番**　マーラーの交響曲も人間の深み、苦しみを真正面からぶつけています。あまりに苦渋を表明されると聴くものまでも苦しくなってきますが、この第

5番の弦楽合奏による第4楽章は比類ない美しさです。

・ショスタコーヴィチ　弦楽四重奏曲第8番　20世紀のロシア音楽にはプロコフィエフ、ラフマニノフ、スクリャービン、ストラヴィンスキーといった大作曲家がいますが、その中でもショスタコーヴィチはヒステリックといえるまでの激情の爆発、皮肉な音楽展開などによって圧倒的な存在を示します。15曲の交響曲にも愛好者がたくさんいますが、室内楽も格別です。

・ドビュッシー　ピアノ曲集『子どもの領分』　ドビュッシーは『海』『牧神の午後への前奏曲』などの革新的なオーケストラ曲を作曲していますが、ピアノ曲にも名作がたくさんあります。独特の音の色彩を味わうことができます。

・フォーレ　レクイエム　レクイエム（死者のためのミサ曲）には多くの名作がありますが、心が洗われるような清澄で天国的なのがフォーレの名曲です。穏やかで優しく、魂が昇華されるのを感じます。

気に入った曲の「演奏の違い」を楽しもう

クラシック音楽として演奏会に取り上げられるものは、実はそれほど多くありません。

本当に頻繁に演奏されているのはせいぜい100曲程度ではないでしょうか。しかも、ひとりのクラシック音楽好きが好んで聴きに行く曲は多くの場合ほんの20～30曲だろうと思います。愛好者たちは、たくさんの曲を知っているのではなく、特定の曲を別の演奏家の演奏で楽しんでいるのです。つまり、演奏の違いを楽しんでいるのです。それこそがクラシック音楽を聴く醍醐味なのです。

クラシック音楽は楽譜通りに演奏するはずなのに、演奏家によって本当に演奏は異なるのでしょうか。

楽譜というのは、落語の台本のようなものです。同じ台本で、たとえセリフが同じであっても、噺家《はなしか》が誰かによっておもしろくなったりつまらなくなったりすることは想像がつくでしょう。音楽の演奏もそれと同じです。

たとえば交響曲の場合、オーケストラによって音そのものが違います。技術の問題もありますし、それ以上に、オーケストラには国や地域によって、団体によって個性があります。渋い音色だったり、明るい音色だったり、華やかな音色だったりします。

そして、それ以上に異なるのが指揮者です。指揮者は音楽のテンポを決めます。また、オーケストラの様々な楽器が同時に演奏されている場合か、どの楽器を浮き立たせるか、それ以外の楽器をどのくらいの大きさで演奏するのかを指示します。そして、楽譜だけでは無表情で機械的になる音楽に、それにふさわしいと思う表現を加えていきます。音を強く弾いて思いを込めた音にしたり、歌うような雰囲気にしたり、生き生きとしたり。そうすることによって、指揮者によって、同じ曲でもまったく別の曲に思えるほど異なってくるのです。

では、そうした指揮者の違いをどうやったら聴き分けて楽しめるようになるでしょう。

簡単なことです。音楽愛好者たちはこれまでその曲をいくつもの演奏で聴いてきて、基準が耳に残っているのです。それと比べて、「あ、今度の指揮者はこの部分をわざと際立たせているな」「この指揮者はこの楽器を強調するな」「あ、テンポを速めたぞ」「おや、この指揮者はこの曲を革命精神と結びついていると考えているようだ」「この指揮者はこの曲が宗教的とみなされることを否定しているようだ」などとわかってくるのです。

ただ、そのようなことを言うと、いかにも何十人もの演奏を聴いていなければ楽しめないように思うかもしれません。しかし、それほどでもないのです。

人間の音楽を記憶する能力は驚くべきものがあります。40分を超す曲でも、名曲とされているものは印象に残るメロディですので、2、3回聴けば、大まかなところは記憶し、次にどのような音が来るかがわかるようになります。一人の演奏家だけでなく、数人の演奏家のものを1、2度ずつ聴いてみるとよいでしょう。それだけで、十分に新たに聴いた演奏の差異を理解できるようになり、演奏を楽しめるようになるのです。

それを繰り返すうちに、1年もたてば立派な音楽通といえるでしょう。

これだけ知っておけば音楽通

・バロック音楽と古典派以降の音楽、無調の音楽

音楽愛好者のほとんどが、頭の中で大きく、①バロック音楽、②古典派以降の調性のある音楽、③無調音楽の3つの時代区分に分けて音楽を考えているでしょう。

① バロック音楽というのは、16世紀末から18世紀前半の音楽です。作曲家は王族や貴族、教会などに属して作曲しました。ヨハン・セバスティアン・バッハとヘンデル、ヴィヴァルディが代表的な作曲家です。まだピアノが発明されていませんので、鍵盤楽器はチェンバロ（ハープシコード、クラヴサンなどとも呼ばれます）が用いられ、現代からすると少し古めかしい音がしますが、逆に新鮮な響きに聞こえる曲もたくさんあります。

② 18世紀後半以降、ハイドン、モーツァルト、ベートーヴェンが登場して、古典派の時

代が始まり、その後、ロマン派の音楽が続き、現在行われているほとんどのコンサートで扱われる音楽が作曲されます。親しみやすい曲、壮大な曲、ドラマに満ちた曲など個性あふれる曲が次々と登場します。シューベルト、シューマン、ショパン、チャイコフスキー、ヴェルディ、ブラームス、ワーグナー、ドビュッシーといったふだん耳にする音楽のほとんどがこの時代に属します。

③　20世紀初頭にシェーンベルクによって、ハ長調、ト短調というような調性のない音楽、いわゆる無調音楽が創始されます。調性がないと多くの人にはなじみにくいため、コンサートで取り上げられることはあまりありません。

・「ソナタ」が音楽の中心

現在、コンサートで取り上げられるのはほとんどが古典派以降の音楽ですが、その中心をなすのが「ソナタ」というジャンルだということは頭に入れておくべきポイントです。

ソナタとは、「ソナタ形式」が用いられた楽章を含む全部で3つか4つの楽章から成る曲のことです。ピアノ独奏によるピアノ・ソナタやヴァイオリンとピアノによるヴァイオリン・ソナタなどを多くの作曲家が残しています。

弦楽四重奏曲、ピアノ三重奏曲、ピアノ五重奏曲など様々な楽器による楽曲が古典派・ロマン派の時代に残されていますが、それらもそれらの楽器で演奏されるソナタです。また、オーケストラ曲の中心をなす交響曲は、オーケストラによるソナタです。規模が異なるだけで、これらはすべて同じような構成による楽曲です。

初心者がカン違いしやすい演奏会でのマナー

コンサートに行くことにしたけれど、どんな服装で行けばよいかわからない、会場でどうすればよいかわからないと不安に思う方がおられるようです。基本的には服装については、特に気にする必要はありません。

〈服装〉

服装については周囲に迷惑にならないのでしたら、特に気にする必要はありません。通常のコンサートでしたら、ジーンズ姿の人、セーター姿の人は大勢います。仕事に行くときの服装であれば十分です。ただ、会場内では帽子は好ましくありません。帽子をかぶっていると後ろの人がみえにくくなりますし、音楽や演奏家に対して失礼に当たると考えられています。

〈演奏中のマナー〉

音を立てないこと、そして大きな身動きをしないこと、それにつきます。とはいえ、自分で音を立てていることになかなか気づかないものです。以下の点に注意してください。

・演奏中の写真や録音は、法律に違反しますし、音が迷惑です。演奏後のカーテンコールの場面でも、原則として認められていません。

・演奏中に話をすることは厳禁です。楽章の合間も、音楽が続いているとみなされるので、話をするべきではありません。また、音楽に合わせてハミングするのも周囲の人に迷惑です。

・演奏中に、パンフレットを読んだり、配布されたチラシをみたりする人がいます。しかし、それは思いのほか大きな音を立てます。プログラムなどは演奏が始まる前に読んでおき、演奏が始まったら、そのようなものをみないのが原則です。

・演奏中に、眠気覚ましや咳どめのために、飴玉をなめる人がいますが、これも大きな音を立てます。また、傘を入れる袋やスーパーの袋のようなものに入れて手に持ったまま聴くと、これも大きな音を立てます。多くのクラシックファンは、咳よりも紙のカサカサ音のほうが、ずっと気になるものです。手に何かをもって音楽を聴かないようにします。

・演奏中にファスナーや留め金の音を立てて、バッグを開ける人がいます。また、オペラグラスを音を立ててカバーから何度も取り出す人もいます。それらも大きな音を立てます。

・補聴器をきちんと装着しないと、ハウリングを起こして、会場全体で大きな音を立てることがあります。

・音だけでなく、大きな身動きも周囲の人の迷惑になります。演奏中に扇子を使ったり、パンフレットを団扇代わりにするのも、周囲の人は気になるものです。また、ときに指揮のまねをしたり、音楽に合わせて指を動かす人もいますが、それも迷惑になります。

・一つの曲全体が完全に終わるまで拍手はしないのが原則です。交響曲は一般に四つの楽章から成りますので、一つの楽章が終わっても拍手はしません。歌曲集などでも、すべての曲が終わってから、拍手をすることになっています。演奏家が演奏を終えたということを示して、聴衆のほうを向いてから拍手をするのが原則です。

・曲が終わらないうちに、あるいは終わった途端に拍手をしたり、ブラヴォーを叫んだりする人がいますが、それは聴衆の余韻を妨げる行為であって、多くの人の迷惑になります。時には音楽の感動をぶち壊しにしてしまいます。前項で書いたとおり、演奏家が演奏を終えたということを示して、観客のほうを向いてから拍手をすると考えてください。

「ツウだ」と思われる感想の話し方

夫婦や家族で、あるいは友人と一緒にコンサートに行ったあと、少し「通」に思ってもらえるような感想を付け加えてみてはいかがでしょう。「この人、音楽をきちんと理解しているんだ！」「とても鋭い感性だ！」「さすが教養がある！」と思ってもらえて、少し鼻が高くなるかもしれません。ただ、あまり断定調で語ると自信ありげに聞こえすぎますので、少しぼかしたり、質問調にしてみてはどうでしょう。

「あそこでテンポがぐっと遅くなったので、びっくりしたんだけど、このピアニストはいつもああいうふうに演奏するんだろうか」

演奏家の曲の解釈について語るのが最も通らしい話です。「あの部分のクラリネットの音を抑え気味だった」「この指揮者は、いつもこんなに激しい演奏をするのかなあ」などという言い方が好ましいでしょう。

「このオーケストラは左奥のコントラバスを置くんだね」

楽器の配置に目をつけるのは通の証拠です。オーケストラの楽器配置は団体や曲目によって少々異なります。もちろん、一般的な並びの団体も多いのですが、そうでないところもあります。それに気づくのは素晴らしいことです。

「コンサートマスターがすごく大きな身振りで演奏していたね。気合が入っていたのかな」

演奏者の動きや態度について語ることもよくあります。ただ、できれば、その態度が音楽の質とかかわるような話し方が望ましいでしょう。単に服が似合わなかったとか、靴が汚れていた……というようなことですと、あまり通らしい話にはなりません。

「改めて聴くと、チャイコフスキーもいいねえ」

前にも書きましたが、バッハ、モーツァルト、ベートーヴェン、ブラームス、ブルックナー、マーラー、ショスタコーヴィチなどと比べると、チャイコフスキーやスメタナやリムスキー＝コルサコフ、ボロディンやシベリウス、グリーグなどの作曲家は軽くみられがちです。精神性の高い音楽をそれほど作曲しておらず、感傷的であったり、親しみやすすぎたりする曲が多いからです。しかし、もちろんこれらの作曲家にも名曲はありますし、一般に知られていない曲にはっとするような素晴らしい部分があります。そうしたところに気づくのも教養人です。ただ、このようなことは、これらの作曲家が一部で軽くみられていることを理解したうえで口にするほうがよいでしょう。

レビューを発信しよう

オペラやコンサートの後は、感想を書きましょう。書かないでいると、徐々に忘れてしまいます。時間がなければ、コンサートやオペラをみた日時と場所、出演者だけでもよいでしょう。時間があれば、演奏者の技術や解釈、感動した部分などを加えます。疑問に思ったところがあれば、それも率直に書いてよいでしょう。

ただ注意したいのは、上目線で書かないことです。ときにブログなどで演奏に対して、「こんなに下手ならプロをやめろ」「聴くに堪えないひどさだった」などと書いているのをみかけます。しかし、それはむしろ無教養な書き方です。演奏者の考え、状況などを考慮に入れたうえで、決めつけたり、相手の尊厳を傷つけたりしないで書く必要があります。

〈ブログ例〉

2016年クリスマス・イブ。HHKホールでヘルベルト・ブロムシュテット指揮、NHK交響楽団によるベートーヴェンの交響曲第9番を聴いた。素晴らしい演奏だった。

明るめの音でかなり快速の第九だが、ところどころでデモーニッシュな響きが支配的になる。何事か起こりそうな、なにか魔的なものが潜んでいそうな音。第2楽章も躍動にあふれ、きわめてダイナミック。音そのものはあまり大きくないのだが、十分に心の奥に響き渡る。第3楽章の美しさにはとりわけ圧倒された。ここもどちらかというと速めのテンポであり、大げさに歌わせるようなことはしないのだが、間の取り方、音のつなぎ方があまりに美しい。第4楽章も見事。歌手陣もそろっていた。合唱は東京オペラシンガーズ。ブロムシュテットの意図をくんだのだろうか。あまり大げさに大音響で歌うのではなく、しっかりした歌唱。

最高のクリスマス・イブになった。

第3章

文学という教養力

――人生を豊かにする頭のいい読書術

第一歩を踏み出すコツ——何から読むといいか

文学作品は読むのに時間がかかります。音楽でしたら、長いオペラでも数時間、交響曲であれば30分前後で終わります。美術作品でしたら、一目で見終えます。文学作品はそういきません。俳句や短歌、詩はすぐに読み終えますが、現代人が文学の教養として話題にしやすい小説の場合、読むのに一定程度の時間が必要です。長い小説でしたら、読み終えるのに数か月かかるかもしれません。

ですから、小説を読む場合、最初の一冊の選び方が難しくなります。何冊か読んで、どれも自分に合わない小説でしたら、せっかくの文学の豊かな世界に入れなくなってしまいます。まずは最後まで読めそうなものを選んで読んでみてください。

文学の場合、多くの方が小・中・高校までの国語の時間に小説や随筆、詩歌などを教材として学んできました。文学史も学んだはずです。多くの方が日本の文学には自分なりの思いを持っておられると思います。漱石の『こころ』に興味を持った人、芥川龍之介、太宰治、三島由紀夫、村上春樹に関心を持っている人など様々でしょう。

そのような本のどれでもよいのです。おもしろそうと思った本に手を出してみましょう。

読みかけて途中でやめた本、昔読んだけれどもよくわからなかった本、教科書で少しだけ読んだ本、題名に惹かれていた本、知り合いが面白かったと話していた本、様々な本があるはずです。それに改めて取り組んでみるのもよいでしょう。

共感系と謎系

私は大まかに分けると、文学には2種類あると考えています。あえて名前を付けるとすれば、「共感系」と「謎系」です。

ここで、イエス・ノーテストをしてみましょう。

▼あなたは小説やテレビで、サスペンスよりもラブロマンスやコメディのほうが好きですか
▼あなたはテレビドラマをみて、感動のあまり涙を流すことがよくありますか
▼あなたはテレビドラマの登場人物に恋愛感情を抱いたことがありますか

2つ以上イエスと答えた方は、共感系の作家を選んでみたらどうでしょう。それ以外の方は謎系を選んでください。

共感系と私が呼ぶのは、小説にストーリーらしいストーリーはなく、主人公に共感するタイプのものです。

たとえば、太宰治の小説には、それほどの波瀾万丈のストーリーはありません。多くの小説が自堕落な主人公の日常や心理を描くばかりです。あるいは、フランスのユイスマンスという作家の『さかしま』という小説は、主人公の不健康で倒錯的な生活をただただ描くばかりです。日々の日常、読んだ本などの記録がなされます。このタイプの小説には、「この先どうなるか」という興味はほとんどありません。読む人は、主人公の考え方、感じ方、生き方に共感し、そこに自己同一化して読み進めます。

もう一方の、私が謎系と呼ぶのは、謎が小説を進めるうえでの大きな原動力になっているものです。なぜ主人公はそのようなことをしているのか、どのような過去があるのか、いったい主人公は何を考えているのか、これからどうなるのか。そのような興味で読者は読み進めます。主人公への同化はこのタイプの小説ではあまり重要ではありません。むしろ、ストーリー展開や登場人物の過去の謎に興味がわき、先を読もうとするのです。

もちろん、すべての作家をこの二つの範疇に分けることはできませんし、そうすることにそれほどの意味はありません。しかし、自分がどの作家に興味を持ちそうなのか、自分はどの作家を好みそうかを考えるときの一つの目安にはなるはずです。読むべき本のガイドとして以下のリストを参考にしてください。

共感系のおすすめ作家リスト

・太宰治

弱くて自堕落で女たらしで、しかし精神の高貴さを必死で保とうとしている……。そんな人物を描くのを得意にします。『人間失格』『斜陽』『ヴィヨンの妻』などが名作として知られていますが、短編にも秀作がたくさんあります。読み手は太宰と登場人物と自分を重ね合わせて読むことになります。多くの若者がきっと共感するでしょう。高齢になった人はもう少し客観的にこの作家の生き方を感じ取ることができるでしょう。

・中上健次

肉体労働者を主人公にして、生と死の深みにあるものを鮮烈な文体によって抉《えぐ》り出します。土俗に結び付いた生、血や汗にあふれる人間性、聖なるものと俗なるもののせめぎあいが強く感じられます。『十九歳の地図』『岬』『枯木灘』などの作品は今なお新しさを失っていません。

・志賀直哉

日本伝統の「私小説」は基本的にストーリー展開よりも読者が「私」の心境に同化することを求めるものです。ですから、私小説を書く作家の多くがここで言う「共感系」作家の部類に属します。志賀直哉も簡潔な文体で客観描写を行いながら私の心境を語っていきます。読み手はその文体によって登場人物に共感していきます。『暗夜行路』や『和解』のほか優れた短編小説がたくさんあります。

・川端康成

『雪国』『伊豆の踊子』で有名ですが、いずれの小説も、読者は美しい文体の力によって登場人物の生きる世界に引き込まれます。何気ない日常を描いても、川端の手にかかると、そこはかとない雰囲気が漂い、不思議な美を作りだします。登場人物の心情を自分のことのように感じるのです。

・堀辰雄

独特の雰囲気を持った作家です。とりわけ、『風立ちぬ』や『菜穂子』などのサナトリウムで結核の治療に当たる主人公を描く小説は、読み手を非日常な世界に踏み込ませ、ロマンティックで西洋的な雰囲気を醸し出します。そのなかで、濃厚な生と死の本質の展開するドラマが描き出されるのです。

・スタンダール

『赤と黒』や『パルムの僧院』で有名なフランスの作家です。時代に抗しながら高いプライドを持って自分の人生を切り開こうとする主人公の華麗でありながらも波瀾万丈で真摯な生きざまを描き出します。

・ギュスターヴ・フローベール

フランスを代表する大作家です。『ボヴァリー夫人』『感情教育』などの傑作があります。緻密な文体で世界を描出し、人物を克明に描きます。『ボヴァリー夫人』では、読書にふけるうちに日常を色あせたものに思い始めた人妻エマが恵まれた生活を捨てて不倫に走ります。読んでいる者はエマを自分のこととしか思えなくなっていきます。

・アントン・チェーホフ

『桜の園』や『ワーニャ伯父さん』などの戯曲、『犬を連れた貴婦人』などの短編小説で知られるロシアの作家です。繊細な心を持つ人々を静かに、しかし深く描き出します。登場人物一人一人の心の中がみえるようです。

謎系のおすすめ作家リスト

・夏目漱石

漱石の小説には、何かしらの謎があります。ほとんどの小説は、前半では深刻な状況が隠されたまま話が進み、徐々に真相が明らかにされます。後半になって、登場人物の心の襞《ひだ》が明かされ、その抱える問題が展開されるのです。漱石の小説をおもしろく読み進めることができるのは、そのような謎がちりばめられているためでもあるでしょう。

・芥川龍之介

芥川は人物への共感を表に出すというよりは、緻密で理知的な文体によって登場人物を立体的に造形し、むしろその醜さを暴き出すことを重視します。異常な状態を作り出し、なぜそうなっているのか、これからどうなるかを推進力にしてストーリーが展開します。

・村上春樹

謎の人物が次々と登場しますが、ほとんどの場合、謎は最後まで解き明かされずに終わります。謎を追い求めて読み進むうちに春樹ワールドに入りこみ、そこから抜け出せなくなるのです。

・三島由紀夫

三島の小説にも様々な謎があります。『金閣寺』では、主人公の行動そのものが謎です。『豊饒《ほうじょう》の海』四部作は転生という謎が全編を覆っています。謎めいた人物を追いかけるうちに様々な思想にめぐりあい、人生を知っていく仕掛けになっています。

・オノレ・ド・バルザック

『ゴリオ爺さん』『谷間の百合』など、一癖も二癖もある登場人物がエネルギッシュに活動し、徐々にそれらの人物の正体が明らかになっていきます。おもしろいストーリーと様々な人間模様によって巨大な世界が広がっていきます。

・フランツ・カフカ

『変身』『城』などの不思議な小説で有名なドイツの作家です。『変身』は、主人公が突然虫に変身してしまったところから物語が始まります。次々と不思議なことが起こりますので、読者は疑問でいっぱいになります。

・ニコライ・ゴーゴリ

『外套』『鼻』などの中編小説で有名なロシアの作家です。超自然な設定で物語が進みます。読者は「なぜそんなことが起こっているのか」という疑問を抱きながら、不思議な世界に入りこみますが、最後まで根本的な疑問は解けません。
・フョードル・ミハイロヴィチ・ドストエフスキー
『罪と罰』『悪霊』『白痴』『カラマーゾフの兄弟』などの小説はすべてに大きな謎が隠されています。いわば一つの推理小説のようにも読むことができます。真実が明らかになっていく中で人生の深淵がみえてきます。

「文学への思い込み」を捨てると面白くなる

①「わからない」のは当たり前

「ミステリーはわかりやすいし、おもしろい。登場人物は上手に描かれているし、ストーリーは波瀾万丈。先が読めないから、ハラハラして読む。それに比べると、文学作品と呼ばれているものは何を言いたいのかよくわからない。一冊読んでみたけれど、何が言いたいのかさっぱりわからなかった」。そう思っている人も多そうです。

その通りです。前にも触れましたが、芸術はわかりにくいものです。とりわけ、文学作品は理解しようとしてもできないことがあります。テーマがわかりにくいだけでなく、登場人物のキャラクターもはっきりしないこともありますし、時にはストーリーらしいストーリーがなかったり、ストーリーそのものがよくわからなかったりします。

しかし、実は文学作品を読むほとんどの人が、やはりわからないと思っているのです。あなただけが国語力がなかったり、文学作品を読み慣れなかったりしたために、わからないわけではありません。そもそも、文学というのは、わからないものなのです。

たとえば、漱石の『こころ』にしても、あの小説にどのようなテーマがあるのか、主人公の「先生」はなぜ自殺を決意したのかなど、わからないことだらけです。多くの評論家や学者があれこれと語っていますが、その人たちもすんなりとそれらを理解したわけではありません。わからないことを何とか理解しようとして見つけ出した自分なりの答えを、そのように示しているのです。

ですから、もちろん、評論家や学者の解釈が正解というわけではありません。文学作品の読み方に「正解」はありません。正解がないからこそ、多くの人が自分なりの答えを語っているのです。

文学作品を読むということは、自分なりの読み、自分なりの解釈を見つけ出す作業といえるでしょう。「わからない」のは当たり前。わからないのを楽しむつもりでいてこそ、文学を楽しむことができるのです。

②文学作品は世界の比喩

では、なぜ文学作品はわからないものなのでしょう。なぜ、わからないものが大事にされ、読み継がれてきているのでしょう。文学に慣れない人はそのような疑問を持つかもしれません。

「文学作品は世界の暗喩である」とよく言われます。その通りだと思います。

作者は自分がみている世界、自分が生きている世界の暗喩、つまりはその世界のたとえとして作品を作り上げます。作者自身、「私はこれを書きたい」とはっきりと主張しているわけではないのです。ただ、自分が生きている世界に似た世界を作り上げたいのです。世界を、あるいは人生を再現したいのです。

もちろん、作者は「このようなことをこの小説に書きたい」という意識を持って書いているでしょう。しかし、人生はわかりにくいものです。世界は複雑です。現実の人生はミステリー小説の登場人物のようにはっきりした個性があるわけではありませんし、人ははっきりした動機で行動するわけでもなく、出来事にはっきりしたテーマがあるわけでもありません。それゆえ、作者の作りだす世界もまたわかりにくくなってくるのです。それにともなって、読むということは、作者が提示した一つの世界を読み解くということにならざるをえません。

文学を敬遠している人の中には、情景描写が細かすぎて読む気をなくすという人がいます。とりわけ欧米の小説にそのような印象を持つ人が多そうです。

描写が多いのも作者が一つの世界を作り上げているからなのです。特に小説の冒頭、出来事が起こる前に都市や建物や人物の長い描写があるのは、神が世界を作るように、作者が世界を構築しているのです。世界を作り、そこに息を吹き込もうとしているのです。エンターテインメント小説と違って、面白い話を語ろうというよりも、一つの世界を作ろうとしているのですから、どうしても精密になってくるのです。

③ストーリーを前もって知っておいていい

ミステリー小説などでしたら、前もってストーリーを知って本を読み始めることはほとんどないでしょう。一度読み終わったら、二度目三度目と繰り返して読む人も少ないでしょう。そのためでしょうか、文学作品についても、読み始める前に情報を得ることを避けようとする人がいます。

しかし、文学作品の場合、前もって情報を得ていても、何ら問題はありません。ネットなどに情報はあふれています。読んでみたいと思った作品がありましたら、まず検索して、紹介を読んでみます。そして、読む気持ちが高まってきたら、実際に読んでみるのでもよいでしょう。

古典の文学全集や文庫本などには、巻末に解説がついていることが多いでしょう。先に解説を読んでから本文を読んでもかまいません。むしろ、それは通常の読み方です。そうすることに何ら負い目を感じる必要はありません。

たとえば、トルストイの『戦争と平和』や『アンナ・カレーニナ』、ドストエフスキーの『罪と罰』や『カラマーゾフの兄弟』などは稀有な名作ですが、登場人物が多く、ストーリーも入り組んでいますので、途中で筋を見失ったりすることがあります。そのような場合も遠慮なくあらすじ本やネットの書き込みを利用してよいのです。ネットの発達した現代では、みんなで協力しあって読んでいると考えてよいのではないでしょうか。

読み終わった後も、疑問に感じたことを誰か何か語っていないかを本やネットなどで探してみてください。様々な考えがあることに思い至るはずです。そうして、自分なりにもう一度考えたり、読み返したりしてみてください。それを繰り返せば、すでに文学愛好者であるといえるでしょう。

こうして文学作品は自分のものになっていきます。文学作品は一回読むだけでは読んだことにはなりません。自分で読み、ほかの人の読み方も知ったうえで読み返し、それを続けるのが本当の意味での文学読みであると考えるべきでしょう。

④「繰り返し読み」のすすめ

本を読むという行為は、一度だけで終わるものではないと私は考えています。多くのクラシック音楽愛好者は、同じ曲を繰り返し繰り返し聴いています。同じCDを何度も聴きます。それと同じように、一つの小説も何度も読んでみましょう。そうすると、最初には見落としたことに気づいてきます。作者が本当に言いたかったのは何か、どのような工夫をしているかといったことがわかってきます。つまり、小説世界の理解が深まってくるのです。

文学作品の場合、ストーリーは二の次です。それ以外のところに深さがあります。一度目はどうしてもストーリーを追いかけてみてしまいますが、二度目、三度目と読むと、ストーリー以外のところまで目が届きます。

ネットで探してほかの人に意見を参考にするのでもよいでしょう。ストーリーの上でわかりにくかったら、それを調べてみるのもよいでしょう。それを加えて、繰り返し読んでみます。

⑤新しい作家を発掘する楽しみ

文学を愛好する教養人としての楽しみに新人の発見があります。

文学愛好者は古典ばかりを読むわけではありません。もちろん、まずは古典を読んで文学史の素養を身につけてほしいのですが、いつまでも過去のものばかりでなく、現在、生きている世界を作家がどうみているのかを探るのも楽しいものです。

そうすると、これまでになかったような感性で世界をみている作家を発見することがあります。それを読むことによって、自分の世界が広がります。同時に、新人を見守っていきたい気持ちになってきます。いわば「パトロン」のように応援したくなってくるのです。それも立派な教養人のあり方です。

ノーベル文学賞や芥川賞、各文芸誌の新人賞、海外の新人賞（アメリカのピューリッツァー賞、イギリスのブッカー賞、フランスのゴンクール賞、イタリアのストレーガ賞などがあります）などを楽しんで読むのもよいでしょうし、文芸誌や単行本を探して読むのも楽しみです。

初心者でもハズレのない小説リスト

初めて文学作品を読む人にもそれほどの抵抗なく読める本を紹介します。いずれも、名作としてよく知られている作品です。しかも、読みやすいので初めての人でも最後まで読み切れるでしょう。

そして、おそらくこの中に感動する作品が含まれていると思います。もし、感動したら、その作家の別の作品を読んでみることを勧めます。

・夏目漱石　『こころ』

高校の教科書で接したことのある人も多いでしょうが、掲載されているのは一部ですので、ぜひ全文を読んでみてください。多くの人がぐいぐいと引き込まれ、「先生」が死を決意するに至る結末に衝撃を受けるでしょう。社会について、人生について考えさせる力を持った小説です。

・芥川龍之介　『羅生門』

これも教科書で接したことのある人が多いと思います。理知的な文体で書かれていますが、短編ですので、ゆっくり読んでも1時間かからずに読み終えるでしょう。衝撃的な内容ですが、そこに独特の美があります。これをきっかけにして芥川の短編小説をまとめて読んでみたらどうでしょう。様々なタイプの短編小説に魅せられることでしょう。

・太宰治　『斜陽』

戦後の没落貴族と作家の男女4人の滅びゆくものの美が描かれます。華族3人の没落の姿が描かれます。人間の弱さ、生きることのつらさが文章の中ににじみます。読者は登場人物一人一人の心の中がよく理解できますので、身につまされる思いがすることでしょう。

・三島由紀夫　『午後の曳航』

三島由紀夫には傑作がたくさんありますが、平明でありながら深い内容を持つ『午後の曳航』がもっとも読みやすいと言えそうです。少年の残酷さの中に三島独特の美学がみえます。そのほかにも『潮騒』『仮面の告白』なども読みやすくて、しかも深い感銘を与える傑作です。

・村上春樹　『色彩を持たない多崎つくると、彼の巡礼の年』

村上春樹には読みだしたらやめられない傑作がいくつもありますが、ここでは短めの作品を紹介します。高校のころの仲間たちの間で起こった事件を20年ほどたってから追いかけるという展開です。村上春樹特有のわかりやすさとわかりにくさの同居した傑作です。これをきっかけに春樹ワールドに入りこんでみるのもいいのではないでしょうか。

・アルベール・カミュ　『異邦人』

カミュはフランスの作家です。母親の死の翌日、海岸でふとしたことから人を殺してしまう青年ムルソー。外界とうまくつきあうことのできないムルソーを通して、人間の生のあり方、社会のあり方を根源的に問いかけます。実存主義文学として一世を風靡《ふうび》しましたが、今も少しも古びません。

・アゴタ・クリストフ　『悪童日記』

クリストフはハンガリーで育ち、ハンガリー動乱を機会にフランスに移住した女流作家です。この小説は双子の兄弟がある東欧の国で過酷な戦乱の中を生き抜く姿を描いています。平明な言葉で書かれていますが、そこには残酷で抜き差しならない生命の真実があります。この物語は三部作の第一作ですが、これに続く『ふたりの証拠』『第三の嘘』も衝撃的な内容です。三部作を続けて読んでみることを勧めます。

・ニコライ・ゴーゴリ　『鼻』

ロシアの下級公務員が床屋の失敗のために、気づかぬうちに鼻を切り取られてしまったようなのです。しかも、その切り取られた鼻が服を着て街を歩きだします。カフカの『変身』と似た雰囲気がありますが、カフカが大真面目なのに対して、こちらはブラックユーモア調。人間とは何かという問題を考えずにはいられなくなります。

・ウィリアム・シェークスピア　『ハムレット』

誰もが「ハムレット」の名前を知っているでしょうが、戯曲をきちんと読んだ人は少ないかもしれません。多くの人が、一つ一つのセリフにちりばめられた人間観察に驚き、王子ハムレットの孤独に心打たれ、その悲劇に涙する気持ちになることでしょう。シェークスピアの名作戯曲『マクベス』『オセロ』『ロミオとジュリエット』を読みたい気持ちになると思います。

★人によってはハマる小説

先に挙げたのは、比較的短めで読みやすいものでした。が、もしそれらを読み終えたら、もう少し長くて、もう少し読むのに苦労するものに挑戦してみましょう。これらはいっそう文学的な評価の高いものです。

・夏目漱石　『行人』

この作品は、『坊っちゃん』『吾輩は猫である』『三四郎』『こころ』などと比べてあまり一般には読まれていませんが、漱石の代表的傑作の一つといってよいでしょう。4つの短編小説を連ねた形になっており、話が進むにつれて、近代的な自我の厄介な状況があらわになっていきます。私は『明暗』（残念ながら未完です）とともに、もっとも漱石らしい小説だと考えています。

・大江健三郎　『万延元年のフットボール』

人間存在と歴史と土地とのかかわりを失った現代人への大きな問題提起といってよいでしょう。歴史とどう向き合うか、人間存在とはどのようなものかという問題に真正面から取りあげられています。重みのあるテーマを重層的に描いて圧倒的な存在感を示します。

・三島由紀夫　『金閣寺』

実際の事件に題材をとって、金閣寺に火を放って炎上させた青年僧侶を描いています。金閣寺は彼にとって何を意味したのか。青年の心理は錯綜しており、それを読み解くことによって人間の真実の襞が徐々に解きほぐされていきます。

・樋口一葉　『たけくらべ』

遊女になるように定められた廓《くるわ》育ちの少女と僧侶の息子の淡く切ない恋が流麗な文体によって描かれます。現代人には少し読みにくい擬古文ですが、じっくり味わえば味わうほど、言葉の流れも魅力にとらわれることでしょう。

・森鷗外　『雁《がん》』

運命のいたずらで男女が恋におち、行き違いで終息してしまうまでを描きます。人生は偶然に支配されていることをしみじみと知らされます。客観的な文体で描かれるだけにいっそうその思いがこみ上げます。これをきっかけに鷗外のほかの作品を読んでみるのもいいでしょう。

・紫式部　『源氏物語』

いうまでもなく『源氏物語』は比類ない名作であり、今読んでもわくわくし、人生を考え、物語の世界に耽《ふけ》ることができます。しかし、一般の人に原文を読みこなすのは困難です。与謝野晶子、谷崎潤一郎、円地文子、田辺聖子、瀬戸内寂聴ら言葉の名人たちが現代語訳を刊行しています。それらを読み比べてみてはいかがでしょう。

・フョードル・ミハイロヴィチ・ドストエフスキー　『罪と罰』

「多くの人のためになるのなら、天才は社会の役に立たない人間を殺してもよい」という考えを実行した青年ラスコーリニコフの犯罪前後の言動を追いかけます。多くの魅力的な人物が登場し、宗教、人間の心の中の悪、人の弱さなどが抉り出されます。同じドストエフスキーの『カラマーゾフの兄弟』とともに文学の最高峰と言えるでしょう。

・レフ・トルストイ　『アンナ・カレーニナ』

政府高官である夫に飽き足りずにいるアンナは、モスクワで若い貴族の将校ヴロンスキーと出会い恋に落ちます。二人の恋が、純朴な領主リョーヴィンの恋と比較されて描かれます。もう一つの大傑作『戦争と平和』とともに、恋物語であると同時に社会観察になっており、トルストイの人間観察、社会思想などが読み取れ、その魅力的な人物像に心惹かれます。

・オノレ・ド・バルザック　『ゴリオ爺さん』

ゴリオ爺さんのほか、ヴォトラン、ラスティニャックなど個性的で魅力的な登場人物が活躍します。波瀾万丈の物語の中に19世紀のパリ、そこに生きる人々の猥雑な人間模様、生きていこうとする人々のエネルギーを読み取ることができます。

・アーネスト・ヘミングウェイ　『老人と海』

老漁師とカジキマグロとの3日間にわたる死闘を描きます。それだけの物語なのですが、孤独な人間の生き方、自然、生命への畏怖、生きる意味などの問題が織り交ぜられて、読むものを飽きさせません。経験豊かな漁師の人生を生きることができます。

・D・H・ロレンス　『チャタレイ夫人の恋人』

戦争による負傷のために下半身不随になった夫に不満を持った夫人は、現在では森番に身を落としているオリバーと恋に落ちます。発表当時、あからさまな性描写とスキャンダラスな内容のために発行禁止になりました。現在読むと、むしろ強烈な貴族社会への批判、人間の生への賛歌が感じられます。

・ガブリエル・ガルシア＝マルケス　『百年の孤独』

魔法と現実が入り混じる壮大なスケールで架空の村マコンドの100年を描きます。ラテンアメリカ文学の総決算ともいうべき作品で、あまりの豊饒さ、全体にあふれる不思議なユーモアに圧倒されることでしょう。これをきっかけにして、ガルシア＝マルケスの他の作品だけでなく、ラテンアメリカ文学を読んでみてはいかがでしょう。

作品の「目の付けどころ」はここ！

小説を読むとき、どこに目をつけて読めばよいのでしょうか。それについて質問されることがあります。特に気にせずに読んでいればいつの間にか身につくことですが、ここでは順を追って説明しましょう。

以下の点に気をつけながら読んでみてください。しかし、それほど神経質に考える必要はありません。しばらく本を置いて休憩するとき、以下のことを思い出して小説の中身を振り返ってくれれば十分です。

①テーマ

小説であるからには、何かしらのテーマがあります。作者は何かについて考え、それを取り上げています。夏目漱石でしたら、「近代的自我」「エゴイズム」「個人主義」といったことが関心になっているでしょう。

もちろん小説の読み始めからテーマは何かをじっくりと考える必要はありません。初めはストーリーを追いかけ、登場人物を整理し、一人一人の性格、一つ一つのエピソードの意味などを追いかけていきます。が、読みながら、作者が何を追いかけているのか、何を問題にしているのかを考えてみてはどうでしょう。

　多くの場合、鍵は登場人物の行動にあります。なぜ、その登場人物はそのような行動をとるのか、それに対して作者はどう捉えているのか。肯定的なのか否定的なのか。それはなぜなのか。

　もちろん、その理由が登場人物の口を通して語られることがあります。登場人物の中にはしばしば作者の分身のような人物が出てきます。その人物の語る内容に注意しておくと、作者のテーマがわかるかもしれません。ときには直接的に語るかもしれませんし、遠回しに語るかもしれません。

　それらのヒントになる言葉や行動をつなぎ合わせると、その作者の言いたいことがみえてくることがあります。

　とはいえ、文学作品は奥が深いので、それほど簡単に類型化はできません。小説ごとに様々な工夫をしていますので、それぞれの作品に応じて考えてみてください。それを考えることこそが、文学作品を読む楽しみなのです。もちろん、その際に、前に説明した通り、ほかの人の意見を本やネットで探して、それを参考にしてみるといっそう発見があるはずです。

②文体、スタイル

ストーリーやテーマ以外に、その小説のスタイルにも注意を向けましょう。

作家には「文体」と呼ばれるものを持っています。その作家が持つ生理的なすべてが文体に表れます。読者が感動するのは、実はストーリーではなく、文体であることがしばしばあります。もし、漱石の出世作である「猫」の物語が、「吾輩は猫である」という一文で始まって、その特有の文体で書かれていなかったら、まったく違った小説になったでしょうし、それほどの名作になっていなかったかもしれません。川端康成の『雪国』はあの有名な「国境の長いトンネルを抜けると雪国であった」という文で始まり、その後も見事な文体で書かれているからこそ、読者は小説世界に引き込まれるのです。

文体はいわば語り口です。てきぱきとして簡潔な文体を好む作家もいます。一文を長くして、息の長い、ある意味で読みにくい文体を好む作家もいます。できるだけ日常的に用いられている言葉を重視する作家もいれば、日常に使われないような難解な言葉をちりばめて豪華な世界を紡ぎだす作家もいます。

そのほか、愛情深かったり、冷静だったり、激情的だったり、破滅的だったりといった性格も文体に表れます。緻密に描写するような客観的な文体もありますし、客観性は二の次で自分の主観を強く主張する文体もあります。

文体というのは、漫画の「絵」に当たります。同じストーリーでも、読者は絵柄によって、その漫画を好きになったり嫌いになったりするでしょう。それと同じことです。

文体はしばしば、現実との距離の取り方を示します。難解な文体で書かれている場合、作者は日常的でリアルな状況を描こうとはしていないでしょう。神秘的であったり、心の奥底であったりの日常から隔絶した世界を描こうとしています。

そのようなことは、主人公の名前にも表れます。名前が、太郎だったり平助だったり山田だったりしたら、それは日常世界を描こうとしているでしょう。青豆雅美だったり川奈天吾（この二人は村上春樹の『1Q84』の登場人物です）だったりしたら、それは非現実的な世界を描こうとしているでしょう。あるいは、登場人物に名前がなく、Kだったり、「博士」だったり「黒い服の男」で通されているとすると、それは非現実的でありながらも普遍的な世界を描きだそうとしているのでしょう。

また、小説の構成も、ストーリー以外で大きな意味を持ちます。現在から過去にさかのぼる構成になっていたり、途中に登場人物の日記が挿入されたり、数人の登場人物の語りによって構成されていたり。

主人公の人称代名詞の使い方にも注意しましょう。作者は神様の立場にいて、登場人物それぞれの心の中を覗き込むことのできるように語られる小説もあります。また、主人公は「私」であって、自分の心の中だけに入りこむことができ、それ以外の人の心の中に入れない状況で語る小説もあります。あるいは、その中間と呼ぶべきものもあります。登場人物は「私」でなく、「彼」だったり「彼女」だったりするのですが、事実上、その人物はほとんど「私」と呼び変えてもよいような語りの小説です。

しかも、日本語の場合、一人称にしても、「私」か「僕」か「俺」か「吾が輩」か「拙者」かによって、あるいはもっといえば「わたし」か「わたくし」か「おれ」か「オレ」によっても雰囲気が異なります。

このようなスタイルによって、作者は自分の世界を作り、読者をその中に引き込むのです。そのようなことを意識しながら読むことによって、その世界の仕組み、特徴をより深く味わうことができます。

③思想

文章の中には作者の思想が表れます。作者が意識しないうちに表れる場合もありますし、作者が意識的にそれを表に出すこともあります。読者はそれを読みとっていきます。

いわゆる「左翼」なのか「右翼」なのか、国家主義者なのか自由主義者なのか。西洋の小説には政治思想を強く表に出す作家たちもたくさんいます。国王や皇帝に対する抗議であったり、民衆の自由を求める叫びであったりを描いているものもたくさんあります。そのような背景の中での個人の心の動きを描く小説もたくさんあります。また、ナチス的な世界観の小説もあれば、マルクス主義を背景に持つ小説もあります。それらが不思議に入り混じったものもあります。

宗教も大事な要素です。キリスト教的であったり仏教的であったりします。現実世界に疑問を持って宗教に傾く状況を描く小説もあれば、逆に宗教への疑問を描くものもあります。

いずれにしても、その作家がどのような思想を持っているか。博愛主義なのか、個人主義なのか、フェミニズムなのか、西洋主義なのか、近代主義なのか、反近代なのか。そのようなことが文章の端々、登場人物たちの言動に表れます。それをつなぎ合わせていくと、その作家の全貌がみえてきます。

そのようなことを考えながら読むと、小説はいっそう深い世界を味わわせてくれるのです。

④場所、歴史

小説の舞台になっているのが、いつの時代のどの場所なのか、その時政治状況、経済状況、文化状況はどうなのか。そのようなことも考えてみます。小説の中で取り上げられる時代や場所に関心を持つのも、小説を読む楽しみの一つです。

漱石を読みながら、明治後期の東京を生きてみるのもよいでしょう。永井荷風では江戸情緒を味わうことができます。室生犀星による金沢、川端康成による伊豆や越後、信州、中上健次による紀州など、その土地の臭いにあふれています。源氏物語などの古典文学に描かれる京都の寺院も、もちろん特別な意味を持ちます。

ユーゴーやバルザックやフローベールの描く19世紀のパリ、ドストエフスキーの描く19世紀末のペテルブルク、フィッツジェラルドの描くニューヨーク、カミュの描くアルジェリア、ガルシア＝マルケスやカルペンティエールやフエンテスやバルガス＝リョサの描く南米。ネットでその時代のその地域の様子を調べてみると、小説の理解が深まるでしょう。世界に対する関心も広まるでしょう。

小説を読むうちに、その場所を訪ねてみたくなることもあるでしょう。文学散歩というのは、とても教養人としての楽しみです。

読者はどうしても自分の身近な情景を思い浮かべます。お寺というと、自分の家の近くにあるお寺を想像します。川というと、自分が日常的にみかける川を想像します。ところが、実際にその土地に行ってみると、法隆寺は私の生まれた町の寺とはまったく次元が異なります。ヨーロッパの川は日本の山間部の河とはまったく様相が異なります。想像していたのとのあまりの違いに驚くことがあります。現地に行って、舞台をみてこそ、理解できることがたくさんあります。

また、歴史を知るのも大事なことです。その小説をきっかけにして、その時代の様々な風習や行事、考え方などを知ってみるのも関心が広がります。一つの小説でも様々に楽しむことができるのです。

一人の作家を追いかけてみよう

もちろん、どの本をどのように読むかは人によって異なります。様々な読み方があり、様々な親しみ方があります。

ここでひとつ、もっとも関心が広がっていく方法を紹介します。

一人の作家の小説を読むとき、一作だけでなく代表作を4、5冊読んでみることを勧めます。一作だけですと、どうしても曖昧な部分が残ります。しかし、2冊3冊と読み進めるうちに、曖昧だった部分が明確になってきます。数作の共通点に気づき、それにどのような意味があったのかがわかってくるのです。そして、その作家の独特の考え方、感じ方がみえてきます。

そして、もし4、5作読んで気に入ったら、その作家の作品を入手できるだけ読んでみたらどうでしょう。もっと深く理解できてきます。そして、そうするうちに、最初に読んだ本もまた読み返したくなってきます。

そうなったら、その作家の若いころの作品から順を追って年代ごとに読んでいくと、いっそう面白さが増してきます。だんだんと感性が豊かになり、成熟し、関心の方向が変わっていくのがみえてくるでしょう。もし可能であれば、その作家の伝記や評論なども読んでみると、いっそう理解が深まります。

そのように一人の作家を追いかけていると、その師匠筋にあたる作家や影響関係にある作家にも関心が広がっていきます。今度はその作家の作品を読んでみます。今度も同じように数作品を読んで同じように広げていきます。そうすればすぐに自分の得意の領域ができ、どんどんと関心が広がり、楽しさも増し、教養も深まっていきます。

これだけ知っておけば文学通

・19世紀までの小説と20世紀以降の小説

文学にも音楽などと同じように、ロマン主義、写実主義、自然主義などの時代区分や流派の分け方があります。しかし、それらをあまり気にしなくても、読むのに支障はありません。ただ、20世紀前半頃から、欧米の文学のあり方が大きく変化し、日本でもその影響を強く受けていることは、頭に入れておくと文学を深く見渡せます。

19世紀までのヨーロッパでは、神のようにあらゆる場所に移動でき、すべての登場人物の心の中まで入りこむ作者が語るタイプの小説が大半でした。話の展開の都合によって、作者はあるときは登場人物の心の中に入ったり入らなかったりしたのでした。そのうえで社会の中の人間の生き方を長編小説として描くものが大半でした。ディッケンズ、サッカレー、スタンダール、バルザック、トルストイなどの小説がその典型です。

ところが、20世紀に入ると、作者も読者も19世紀までの予定調和的な小説にリアリティを感じなくなります。むしろ、他人の心の中には入れない作者が、自分自身の個としての苦しみ、アイデンティティの喪失といった問題を描くようになっていきます。

20世紀になってからシュールレアリスム、表現主義、実存主義、ヌーヴォー・ロマン（新しい小説）といった文学運動が現れましたが、それらは19世紀までの小説とは異なる小説の模索だったといえるでしょう。

なお、欧米で文学のあり方が変わっていたころ、日本で次々と傑作を書いていたのが夏目漱石でした。漱石のテーマ、作風は欧米の潮流と重なるといえそうです。日本の小説もこの欧米の流れと重なり合っています。

20世紀以降の小説を読むとき、このような文学史の流れを頭において読むと、その小説がどのようなことを意図して書かれているのかを考える手掛かりになるでしょう。

「ツウだ」と思われる感想の話し方

通らしい感想を漏らすには、先ほどあげた目の付けどころを意識すれば十分です。自分なりの解決を示す必要は必ずしもありません。疑問を示すだけで十分です。「こんな傾向があったなあ、それはどういうことだろう。もしかして、こんな意味だろうか」といったことを言えば、それだけで十分に的確な問題指摘になっています。

あまりに断定的に言ってしまうと、むしろ文学的ではありません。様々な可能性があり、様々な読みがあることを踏まえたうえで語る必要があります。

「一般に漱石のテーマは近代との相克と言われているけれど、私はもっと違うものが根本にあるような気がしているんだけど」

一般に言われていることに疑問を呈するのも教養人として大事なことです。世の中で言われていること、とりわけ文学に関して言われていることは、すべて自明のことではありません。疑問を示して、もっと自分なりに考える姿勢を示すのは好ましいことです。

「村上春樹の文体は、何でもなさそうにみえて、実は練りに練っているんだと思うね」

文体について感想を語るのも大事なことです。漱石や芥川の文体についてはしばしば語られますが、村上春樹についてはあまり言われません。あまり取り上げられない作家の文体について語るのは面白い視点であり、大いに通とみなされるはずです。

「芥川龍之介は政治に無関心にみえるけれど、その短編に書かれている内容からして、かなり保守的だったに違いない」

それぞれの作家の宗教性や政治性を話題にするのも、教養人として大事なことです。その作家を様々な方向から理解することができます。

レビューを発信しよう

本を読んだら、読後感をまとめましょう。そうしないと、どうしても忘れてしまいます。読んでしばらくたつと、ストーリーを思い出さないばかりか、その本を読んだことさえ忘れてしまいます。読んだばかりの、まだ印象が鮮烈なうちに書いてみてはどうでしょう。

もちろん、これについても自分だけが覚えておくようなメモでよいのですが、できれば、ブログ、SNS、アマゾンなどのレビューなどで発信するのであれば、そのほうが好ましいと思います。

もっとも簡単な、そして時間をとらないのは、最初に全体的な感銘度を示し、その後に簡単な小説の内容を説明することです。もっと時間を使えるのでしたら、その中の印象的なエピソード、その作家の思想など、読みながら発見したことについて書きます。

もちろん、書きながら疑問に思ったことなどはどしどし調べましょう。ほかの方の書いたサイトなどを参考にしてもかまいません。

ただし、前にも書きましたが、神の立場で批評しませんように。「駄作だ」「愚にもつかない」などとは書かずに、その本はどのような人に向けて書かれているのか、なぜそれが自分には合わなかったのかを考える必要があります。

〈ブログ例〉

ディーノ・ブッツァーティの短編集『神を見た犬』（関口英子訳・光文社古典新訳文庫）を読んだ。イタリア版の星新一のような小説集だ。22作の短編が含まれている。読みやすくておもしろくて気がきいていて、しかも深い。ブッツァーティは１９０６年に生まれて、１９７２年に亡くなっているので、星新一と時代的にも重なる。

超自然な設定だったり、突然奇跡が起こったりする。聖人が現代によみがえったり、神が現れたりするところは、星新一と違ってカトリック教国イタリアらしい。信仰を失い、生きる指針を失いながらも、ちょっとズルく、しかし善良に生きる人々が描かれる。

村をうろつく野良犬がもしかしたら神に出会った聖なる犬ではないかとみなされるようになって人々の生活態度に変化が生じていく『神を見た犬』がやはりおもしろかった。神を尊重しながらも半面で厄介に感じる人間の心がよくわかる。

カトリック社会を描いているので私に関係ないように思えたが、余計に人間の心がみえておもしろい。ほかにもこの作家の小説を読んでみる気になっている。

第4章

美術という教養力

――絵の中の謎を解く楽しみ

第一歩を踏み出すコツ——何から見るといいか

①とっかかりは画集で

音楽におけるCDなどと同じように画集や複製で絵に接することができます。図書館や書店に行って、画集を探してみてはどうでしょう。絵をみるのに、音楽を聴いたり小説を読んだりするほどの時間はかかりません。パラパラとめくるだけなら、一冊の画集も数十分もあれば十分でしょう。

何冊かみているうちに、きっと気に入った絵がみつかるでしょう。深く考える必要はありません。その魅力を覚えて、ふとページを繰る手が止まる瞬間があるはずです。そうしたら、じっくりと絵をみてください。自分が何に感動したのか、どこに自分の手を止める力があったのかを考えてください。その絵の魅力がわかってくるはずです。

次に、その画家のほかの絵もみてみましょう。画家の生い立ちや歴史的な位置づけについても解説を読んでみてはどうでしょう。きっとその画家に心惹かれるでしょう。

もし可能でしたら、気に入った絵の複製を購入することもおすすめします。室内にお気に入りの絵をかけるだけで、そこに光が当たったように感じるものです。

②実物を見る

しかし、絵の魅力を知るには、画集ではなく実物をみるのが一番だと私は思っています。美術品には実物に宿る聖性があるのを私は感じます。どれほど精巧な複製ができても、唯一であるというその実物の持つ魅力は複製では再現できないでしょう。

ですから、実際の絵をみる機会を大事にしてください。

どの都市にも美術館があります。美術館では、常設展のほか企画展が行われることもあります。少し大きな都市であれば、個展もしばしば開かれます。絵は音楽などと違って、一目でみることができます。一目みて、もしあまり好きでないのであれば、そのまま素通りし、もし、心に残るものがあればじっくりみるという見方をすることができます。自分が住んでいる都市の美術館をみてまわるだけでも、十分に楽しむことができます。

また、旅行に行ったとき、美術館を訪れてみるのもいいでしょう。美術館巡りをすることもできますが、それほどではなくても、旅行の日程の一つに美術館巡りを組み入れてはどうでしょう。

画集の中の絵ではなく、実物を好きになれば、そこに通うことができます。日本人画家の絵であれば、たとえ常設展でなくても比較的容易にその絵をみることができるでしょう。有名画家でなければ、その絵を購入することも夢ではありません。

③実物に会いに行く

画集をみて、ある絵が好きになったら、それをみに行くのはどうでしょう。

画集で好きになった絵の実物をみる機会はなかなかないかもしれません。西洋の有名絵画でしたら、イタリアやフランスに行く必要があるかもしれません。しかし、好きになった画家のほかの作品であれば、チャンスはかなりあります。

国内でも様々な企画展が行われ、欧米の美術館所有の名画を日本でみることができます。ルノワール、セザンヌ、モネなど人気の画家たちはしばしば特集されます。その機会を逃さずに足を運んでみてください。

画集でみていたのではわからない質感、大きさ、色づかいなどが実物でこそ伝わってきます。複製で魅力的だった絵は、実物はその数十倍も魅力的なのです。あっと息をのむことがあります。

私のもっとも好きな絵はフェルメールの『真珠の耳飾りの少女』なのですが、以前から画集で繰り返しみて、その素晴らしさを十分に知っているつもりだったのですが、実物をみた時には、魂を吸い取られるような激しい感動に襲われました。フェルメールのほか、レンブラント、ボッティチェッリ、ゴヤ、ジョルジュ・ド・ラ・トゥールにそのような感覚を覚えました。

もちろん逆の場合もあります。複製をみてあれほど魅力的に思えたものが、実物をみると、それほどの魅力を感じなかったこともあります。いずれにしても、実物をみてこその絵画鑑賞です。

ですから、魅力的だと思った絵については、実物をみる機会を作るのが理想です。海外にある絵はなかなか行く機会に恵まれないかもしれませんが、もちろん国内にも日本人の画家の絵をはじめ、西洋の画家の名画も優れたものがたくさんあります。

画集で好きになった絵の実物をみるのは、写真でしか知らなかった心の恋人に本当に会うようなものです。

④カタログでまた楽しむ

音楽を聴くとき、予習と復習について説明しましたが、美術館もまた予習と復習をすることでいっそう楽しむことができます。

美術展が開かれる場合、カタログが販売されます。そこには、取り上げられている画家の生い立ちや歴史的な位置づけ、それぞれの美術品の解説などが載っています。美術展をみた後、カタログを購入して、もう一度、作品を楽しんでください。実物をみた時には気づかなかった様々な詳細に気づかされることがあります。その時には、もう一度、美術展に足を運んではどうでしょう。音楽を繰り返し楽しむのと同様、美術品もまた繰り返し楽しんでこそ、その真価を知ることができます。

もちろん、カタログを購入しなくても、ネットで調べられる作品も多いでしょう。ネットで検索するなど、多少面倒なこともありますが、美術品を探しているうちに素晴らしい美術品を展示しているサイトに行きついたりして、それも楽しめるでしょう。

⑤絵の良さがわからない場合

「よい絵とよくない絵の区別がつかない。だから、私には絵の鑑賞なんて無理」、そういう人がたくさんいます。ピカソの描いた絵はまるで子どもの絵のようにみえます。この有名な絵のどこがよいのかさっぱりわからないというわけです。

しかし、私はそのようなことを気にする必要はまったくないと思っています。絵の愛好家は、絵の鑑定士でも美術の学者でもありません。学者や評論家が絵の価値を判断できないのでしたら問題かもしれませんが、好きでない絵が実は価値のある絵だとしても、絵の愛好者にとってはさほどの問題ではありません。人間に好きなものと嫌いなもの、評価できるものと評価できないものがあるのは当然です。客観的な評価に合わせる必要は少しもないのです。そもそもたくさんの名画をみて、絵の知識が増え、長い時間をかけて徐々に様々な絵の良さがわかってきます。初めから「判断」をする必要はないのです。

ですから、抽象画などの現代絵画の良さがわからないからといって、自分に絵をみる資格がないなどと考えないでください。ともあれ、好きな絵と出会うこと、絵を楽しむことを心がけましょう。たくさんの絵をみているうちにだんだんと鑑識眼もついてきます。

次にどんな絵を見るといいか——謎系と共感系

では、次にどのような絵をみればよいでしょう。

ここで再びイエス・ノーテストをしてみましょう。

▼あなたの周囲にあやしい過去の持ち主がいます。あなたはその人の過去を知りたいと思いますか

▼テレビであるお寺に隠された歴史の謎が取り上げられています。あなたは最後まで関心を持ってみますか

▼友人から暗号のようなメールがとどきました。あなたはなんとしてでもその暗号を解こうとしますか

このうち2つ以上イエスと答えた人は、次に説明する「謎系」の絵をご覧になってはどうでしょう。そうでない人は、「共感系」のものをおすすめします。

美術にも、謎系と共感系のものがあるといってよいでしょう。

ここで謎系と呼ぶのは、画面の中に様々な謎がちりばめられているタイプの絵です。そもそも何をしているのかよくわからない、尋常ではない様子が描かれている、描かれている人物が異様な服装、あるいは異様な表情をしている……というような謎のある絵です。

たとえばジュゼッペ・アルチンボルドの多くの絵に対しては、初めてみた人はただただ驚くはずです。なにしろ肖像画が野菜や果物や花などの植物からできているのですから。

顔中が野菜や果物です。まさしく〝植物人間〟の様相です。これは何を意味するのか。そもそも耳の部分は、鼻の部分は何の果物なのか。そのようなことを考えてみる必要があります。

ルネ・マグリットやサルバトール・ダリのシュールレアリスムの絵画も、いったいそれぞれは何を意味するのか、どんなメッセージが含まれているのか、いったいなぜこのような絵を描くのか……といった疑問に問われるでしょう。

いえ、一目みただけではわからない謎もあります。たとえば、世界でもっとも有名な絵だといってよいかもしれないダ・ヴィンチの『モナ・リザ』。よくみると、不思議な絵です。私が何よりも不思議に思うのは背景になっている殺伐とした潤いのない荒野です。しっとりとしたほほえみを浮かべた女性の表情とあまりにアンバランスです。ダ・ヴィンチがこの絵を描いたはずのフィレンツェにこんな場所がほんとうにあるのでしょうか。

それらの絵の謎を探り、絵の中に込められた様々な意味を探り当て、自分なりにあれこれ考えてみるのも絵の一つの楽しみ方です。「正解」らしいものが専門家によって示されているものもありますが、もちろん謎のまま残されているものもあります。解説書を読んで自分なりに探ってみるのも面白い試みでしょう。

ところが、中には、謎解きを好まない人、絵の中に謎があるのを好まない人もいます。もちろん、それも一つの絵の楽しみ方でしょう。意味を探るよりも、その絵の雰囲気に没頭し、その美しさを味わい、その存在感に圧倒されたいと思うのでしょう。

そんな人には、肖像画や風景画がおすすめです。

とりわけ印象派の絵画は、特に絵の中に謎を込めるよりは、光による、まさしく印象を描こうとしています。みるものも、絵の中の謎を解くよりは色の美しさ、そのエネルギーを味わうべきでしょう。

たとえばゴッホのひまわりの絵も、そこに何かの意味が込められているというよりは、その色彩、そのゆがんだ形、そのエネルギーを真正面から受け取ることのほうが大事でしょう。

謎系のおすすめ画家リスト

絵をじっくりみて、謎をみつけ、それを自分なりに解いてみるのも楽しいことです。ただし、自分で謎をみつけるのも、それを解くのもかなり難しいことですので、さっとみて、よくわからない絵の時には、解説書などを読んでみるとよいでしょう。多くの場合、その絵にまつわる謎が解説されているはずです。それを手引きとして絵をみてみましょう。絵の中に込めた画家の気持ちを追体験して、いっそう絵の世界を楽しめるかもしれません。

では、謎を楽しめる画家たちを数人紹介しましょう。

・レオナルド・ダ・ヴィンチ

いうまでもなく『モナ・リザ』を描いたルネサンス期の大天才です。絵画だけでなく、解剖、天体など様々な面に才能を発揮しました。そのためもあって、その生涯も絵画も謎に満ちています。『モナ・リザ』をよくみてください。先ほども説明した通り、背景がどういう場所なのか、この女性は何者なのか、何をしているのか説明がつきません。もう一つの有名な『最後の晩餐』も、その不思議な構図、イエス・キリストや弟子たちの表情、テーブルの上に置かれているものなど、聖書のこの場面と記述とは矛盾するものもあります。これらの謎について書かれた書物やウェブサイトがありますので、それをみてほしいのですが、みれば見るほど謎が深まり、調べてみたり、自分で仮説を立てたりしてみたくなります。そうした中にきっとダ・ヴィンチがこの絵に託したメッセージが隠されているのでしょう。それほど奥の深い絵だともいえます。

・ディエゴ・ベラスケス

スペインの画家ベラスケスも謎の絵を描きます。有名な『女官たち』はもっとも謎めいています。どうやら画家が王女の肖像画を描いている場面らしいのですが、そもそもなぜこんな絵が描かれているのか。焦点はどこにあるのか。どういう場所なのか。これについても、ミシェル・フーコーという思想家が本格的に論じるなど、様々な分析があります。そのほか、ベラスケスには『鏡のヴィーナス』という絵がありますが、それは17世紀のスペインでは珍しかった裸体画でした。その絵にも多くの謎が残されているといわれます。

・エドゥアール・マネ

マネも不思議な絵をたくさん描きます。それどころか、そのために大きなスキャンダルをいくつも起こしてきました。有名なのが、『草上の昼食』です。野原でピクニックをしているようにみえるのですが、なぜか女性が全裸です。一体何をしているのでしょう。これにはどのような意味があるのでしょう。絵をみることによって、資料を調べることによって様々なことが理解できます。

・サルバドール・ダリ

ダリに『記憶の残滓』というタイトルの絵があります。「溶ける時計」という別名でも呼ばれています。砂漠のような場所にテーブルがあり、木の枝のようなものがあって、それらに溶けて布のようになった時計がかかっています。そのほか、悪夢のような奇怪な物体やらが登場し、人物も十字を捧げたり、楽器を弾いていたりといった動作をしている絵もあります。これはいったい何を意味するのか。じっくりみて様々な分析を加えることによって解明できるかもしれません。先ほどあげたルネ・マグリットの絵画などとともに、シュールレアリスムと呼ばれる作品はこのように夢の絵解きにみえるものがあります。これらの絵の中には画家の無意識の願望や何らかのメッセージが含まれているでしょう。それらを読み取るのも楽しみの一つです。

・マルセル・デュシャン

デュシャンはフランス生まれの画家です。ダダイズムやシュールレアリスムの影響を受け、前衛的な活動をしました。彼は市販の便器に『泉』というタイトルをつけて美術展に出品しようとします。また、モナ・リザの絵葉書にひげを書き加えて、『L.H.O.O.Q.』（そのままフランス語で発音すると、エラショオキュ、すなわち「彼女はおケツを熱くしている」という女性の性的興奮を表す下品な表現になります）というタイトルで発表しました。

もちろん、これはデュシャンのメッセージが含まれているでしょう。そこにはどのような美学、どのような精神があるのでしょう。

・葛飾北斎

謎めいた絵を描いたのは西洋の画家ばかりではありません。日本にも多くの謎めいた絵画を残した画家がいます。とりわけ葛飾北斎は、人生自体も謎ですし、浮世絵も謎にあふれています。彼の浮世絵をみるものは、『富嶽三十六景』の大胆な構図が何に基づいているのかを疑問に思うでしょう。また、北斎漫画として知られるグロテスクな動物たちも、『蛸と海女《あま》』というエロティックな浮世絵もどのような意図によって描かれたものか、何を描こうとしているのか自問したくなります。

・伊藤若冲《じゃくちゅう》

若冲の描く細密な形や色には誰もが驚嘆するでしょう。大胆な色づかいは西洋の画家にもなかなかみられないものです。そればかりでなく、象を中心に様々な動物が歩いている『樹花鳥獣図屛風』など謎めいた絵がたくさんあります。どこに想を得たのか、そもそも何を描いているのか、それぞれの動物は何なのか。突拍子もないという印象をだれもが抱くでしょう。

共感系のおすすめ画家リスト

特に何らかの謎があるわけではなく、ただその存在感、その美しさに圧倒される絵画も少なくありません。これらはとりわけ複製では味わえないような実物の力を持ちます。できれば、実際に展覧会でご覧になってみることをおすすめします。

・サンドロ・ボッティチェッリ

もちろん、よくみると謎めいたことはあるのですが、ボッティチェッリの有名な『春』も『ヴィーナスの誕生』も神話を描いたものとして、特に疑問を持つことなく納得できるでしょう。そして、何よりもその女性の美しさ、優雅さ、構図の見事さ、色彩の鮮やかさに心惹かれるでしょう。一目みて、その美しさに圧倒されます。

・ヨハネス・フェルメール

『真珠の耳飾りの少女』や『牛乳を注ぐ女』が有名ですが、フェルメールの絵は、その存在感が圧倒的です。人物画も『デルフトの眺望』のような風景画も静かなたたずまいが感じられます。そして、光と影の微妙な色合い、遠近法の微妙な揺らぎなど、みるものの心をとらえます。

・ヴィンセント・ヴァン・ゴッホ

有名なひまわりの絵や糸杉の絵など、燃えるような表現が圧倒的です。内面からほとばしるようなエネルギーが感じられます。狂気に至るかのようなエネルギーですので、人によっては息苦しさを感じるかもしれませんが、美術館でみるとその力に圧倒されます。

・オーギュスト・ルノワール

ルノワールは日本で最も人気のある画家かもしれません。その名前を持った喫茶室が日本のあちこちにあるほどです。色彩が鮮やかで美しく、しばしばみるものを光の幸福感に導きます。印象派の絵には理屈なしに心惹かれるものがたくさんありますが、ルノワールは確かに別格です。

・クロード・モネ

モネには印象派という名称を作り出すことになった『印象・日の出』をはじめ、『ひなげし』『日傘をさす女』などの鮮烈な傑作がたくさんありますが、なんといっても晩年の『睡蓮』の連作は息をのむ素晴らしさです。

・ジョン・エヴァレット・ミレイ

ミレイの名は日本ではあまり知られていませんが、おそらくその『オフィーリア』の絵をみれば、多くの方が圧倒的なリアリズムに感動するのではないでしょうか。この絵は『ハムレット』の登場人物である少女オフィーリアの入水を描いているのですが、水に流されるオフィーリア、手に持つ花、水の流れ、水辺の野草等のいずれもがあまりに初々しく、美しいのです。『オフィーリア』以外の絵もリアリズムにあふれて、みるものの心を打つことでしょう。

・酒井抱一《ほういつ》

俵屋宗達にはじまり、尾形光琳《こうりん》、酒井抱一へとつづく琳派《りんぱ》と呼ばれる一派もそれをみるものの心をとらえて離しません。ここでは酒井抱一をとりあげましょう。抱一は江戸時代中期に生きた画人で、江戸琳派の祖とされています。『風雨草花図』『夏秋草図屏風』『四季花鳥図屏風』などの生き生きとして、しかも風や雨によってしなだれている草花の美しさは目を見張るものがあります。琳派の絵画はいずれも素晴らしいのですが、とりわけ酒井抱一にそのエッセンスが伝わっているのを感じます。

★人によってはハマる絵画

・ヒエロニムス・ボス

15世紀から16世紀初頭にかけて活躍したネーデルランドの画家ですが、その『快楽の園』はまさしく酒池肉林というか魑魅魍魎《ちみもうりょう》というのか、快楽という悪徳にふける人々の醜くも魅惑的な姿がこれでもかというほどに描かれています。そのほかの絵もエネルギーにあふれ、みるものの心をくすぐります。

・レンブラント・ファン・レイン

『夜警』はあまりに有名です。この絵を実際にみると、光と影の微妙な色合い、そして一人一人の夜警たちの顔の表情など、驚くほどの存在感です。『夜警』以外にも、『ダナエ』『放蕩息子の帰還』など素晴らしい絵画がたくさんあります。

・フランシスコ・デ・ゴヤ

『着衣のマハ』『裸のマハ』『マドリード　1808年5月3日』などのほか、『黒い絵』でも知られるスペインの画家です。先ほど説明した「謎系」の典型的な画家かもしれません。国王一家の肖像画も、画家に悪意があるとしか思えないほど醜く描きます。黒い絵と呼ばれる作品群も、みるものを驚かせ、謎を与えます。これらの人物は何をしているのか、なぜこれほど真っ黒なのか、なぜゴヤはこのような絵を描いたのか、そのような疑問を抱かずにはいられません。とりわけ、『我が子を食らうサトゥルヌス』の絵はみる人間を途方に暮れさせます。

・ポール・セザンヌ

美術史上、大きな役割を果たしたフランスの画家です。印象派の一人に数えられますが、対象を模写するのではなく、景色を立体の重なりとみなして再現しようとします。セザンヌによって、それまで対象の奴隷でしかなかった絵画が、対象よりも重要なものになったといえるかもしれません。画期的な転換点だったといえるでしょう。そのために、キュビズムの基礎を築いたといわれ、「近代絵画の父」と呼ばれます。多くの静物画のほかに、故郷エクサン＝プロヴァンスにあるサント＝ヴィクトワール山を繰り返し描いています。

・パブロ・ピカソ

日本でもっとも名の知られた画家の一人でしょう。写実的でない絵を描く典型的な画家とみなされていますが、若いころからたびたび作風を変えています。「青の時代」と呼ばれる時代には、写実的で静謐《せいひつ》な画風でした。バラ色の時代、新古典主義の時代など、様々な作風を経験しますので、ピカソは様々なタイプの名画を描いたといえるでしょう。とりわけ有名なのは、一つの平面に様々な方向からみた画像を織り込んだ『泣く女』のシリーズや、ドイツ軍の空襲を受けたことに抗議して、一枚の絵の中に戦争の悲惨を描いた『ゲルニカ』です。

・エドヴァルド・ムンク

誰もが『叫び』というタイトルのムンクの絵をご存じでしょう。もはや絵は「美しい」ものではなく、人間の内面をさらけ出し、心の中の孤独、恐怖、悲しみなどを表面に押し出すものになっています。この絵をみる人間は、自分も心の奥に絵の中にあるものと同じ感情を持っていることに思い当たるに違いありません。『思春期』というタイトルの少女の裸像も孤独な心を描き出しています。

・グスタフ・クリムト

19世紀末から20世紀初めのウィーンで活動しました。世紀末的で耽美的、しかも写実的というよりは装飾的。金箔が多用された『ユディト』や『接吻』は屏風のような絵画でありながら、強烈なエロティシズムを放っています。

・アンリ・マティス

遠近法はルネサンス期以降の絵画の基本中の基本ですが、マティスの絵ではほとんど遠近法は使われていません。平面の中に色彩が放たれ、色が動き回るかのような印象を受けます。自由奔放で生の喜びにあふれた世界です。

・長谷川等伯

等伯は安土桃山時代末から江戸時代初めを生きた絵師です。生命が宿り、死を前にして生をいっぱいに開こうとしているかのような楓《かえで》や桜の色鮮やかな屏風絵も人々を感動に導きますが、寒々とした松林を描く水墨画も多くの日本人が心打たれるに違いありません。

・東洲斎写楽

浮世絵といえば、喜多川歌麿の美人画や歌川広重の東海道五十三次などもすばらしいのですが、独特の魅力を示すのが、先に紹介した北斎とこの写楽です。ほとんどが役者絵ですが、デフォルメされた顔の表情、大胆な構図など、まさに今にも動き出しそうです。しかも、写楽の人生も謎に包まれています。

作品の「目の付けどころ」はここ！

では、絵をみるとき、どこに目をつけて、どのようにみればよいのでしょう。もちろん、まずはそのようなことは考えずに一目で絵をみることが大事だと私は思います。そのインパクトが美術の最大の命でしょう。もし、一目でひかれたら、その後、じっくりと絵をみてみましょう。

①題材

まず、題材を考えます。西洋の絵画の場合、神話や聖書を題材にしているものがたくさんあります。イエス・キリストの磔刑《たっけい》、復活などは、西洋の美術館に行くと驚くほどの数の絵画があります。そのほか、有名な物語の一部分であったり、有名な土地であったり。それを知らずにみると、まったく絵の意味を理解できないことがあります。日本の絵画についても同じことが言えます。

ですから、まずはそれが何を題材にしているのかを考えてみてください。わからないときには調べてみます。美術館には簡単な解説が付されていることがあります。音声サービスなどがあることもあります。

ところで、絵をみ続けるうち、同じ題材でも描き方に違いがあることに気づいてきます。そこに目をつけてみましょう。同じキリスト磔刑であっても、時代によって画家によって、宗教的でおごそかであったり、人間的であったり、超人化されていたり、抽象化されていたりといった差があります。登場人物の表情のなかに画家の意図が込められていることもあります。

また、絵そのものが一つの物語のように構成されているものも少なくありません。一人一人の人物の顔の表情をみることによって、その感情、人物同士の人間関係など、細かな画家の意図がみえてくることもあります。手の形、装身具などにも意味があり、それによって、その人物が誰なのか、どのような地位なのかを示しています。

これらは初めからみつけ出すのはなかなか困難ですが、解説などに従って絵をみているうちに徐々に理解できていきます。そして、自分なりの発見ができることがあります。先ほど引いたダ・ヴィンチの『最後の晩餐』はその典型です。

②構図

構図こそが絵の命といってよいでしょう。画家は自分の描きたいものが最大限に効果を発揮するように構図を工夫しています。その絵がどのような構図をとっているか、そこにどのような意図があるのか、なぜそれが名画になっているのかを考えてみてください。

構図はまた、絵をみる人間の目の動きを規定するものでもあります。画家は絵のどの部分に注目してほしいか、時にはどの順番でみてほしいかを構図によって示します。それに気づくと、絵の中に込められた画家の意図を読み解くことができます。

これについても、初めのうちは解説書などを読んで、それぞれの絵の構図の意味などについて確認するべきでしょう。しかし、しばらくするうち、解説などなくても、自分の目でそのことを確認できるようになるはずです。

ところで、構図の中でもとりわけ重要なのが遠近法です。遠近法はルネサンス期以降の絵画に用いられるようになりますが、遠近法が用いられていない絵画にも独特の魅力があります。また、それ以降の絵画も、遠近法のゆがみが独特の魅力を作りだしている例がたくさんあります。たとえば、フェルメールはかなり厳密な遠近法を用いた画家として知られていますが、時にそこにゆがみが生じています。

③筆致

ゴッホのような感情をそのままたたきつけたような筆づかいと、フェルメールの静謐さをたたえる筆遣いは、印象がまったく異なります。筆跡を意図的に残す画家と、それがまったくみえないように描く画家がいます。

また、タブロー全体を同じ筆致で描く画家もいれば、背景と中心部分の緻密さに差をつける画家もいます。同じ画家でも作品によって異なります。

もちろん筆致については、絵をみる人は誰しもすぐに気づくのですが、それほど意識的にみることがありません。そこに気をつけながら、その画家がどのような筆致を用いているのか、それにどのような効果があるのか、それによってどのような世界を描こうとしているのかを考えてみるのもおもしろいことです。

④色づかい

言うまでもなく色彩絵については、絵の色づかいこそが絵に命を注ぎ込むものです。

あえて大雑把な色づかいにしている部分もあれば、精密に色を分けて書いている部分もあるでしょう。それらの部分に画家たちは強いこだわりを持ち、技巧を凝らして描いています。人間の肌、髪の毛、服の質感、家具調度の材質感。森、木、空、雲、海、川の色遣いにも、それぞれの作品ごとに試みがあります。

とりわけ、多くの画家が挑んでいるのが、光と影の表現です。目の輝き、装飾品の輝き、レースなどの生地の透明感、グラスの中のワインの光の反射、ランプや月の光が作る輝きの影の部分。そのような部分に目を凝らすと、その画家のこだわりと技術、事象に対する愛着がみえてきます。

⑤輪郭

輪郭をはっきり描くタイプの画家とそうでない画家がいます。強い輪郭線を描くことで知られている画家にフランスのジョルジュ・ルオーがいます。それに対して印象派の画家たちは輪郭が曖昧です。輪郭線があるかないかによって、とりわけ人物像はまったく異なった印象を受けます。その画家が輪郭にどのようなこだわりを持っているのか、どのようにして輪郭を際立たせているのか、なぜそうしているのかを考えてみると、その画家の傾向がわかってきます。

⑥時代へのメッセージ

画家も時代とともに生きています。そして、自分の生きた時代の人々に対して、その当時の美術のあり方に対して、自分なりの挑戦をしています。そのころに流行していた流派に背を向けて、もっと別の描き方を選んだり、一つの流派を築き上げたり、新しい技法を開発したり。そして、絵画の中には時代を画したものもたくさんあります。

美術作品を発表するということは、言うまでもなく時代に対してメッセージを送ることです。社会に抗議をしている絵画もありますし、絵画の変革をめざすものもあります。

印象派を作ったとされるモネの『印象・日の出』、物議をかもしたマネの『草上の昼食』や『オランピア』、反戦を訴えたピカソの『ゲルニカ』など、それぞれの絵の中には強烈な画家のメッセージが込められています。また、市販の便器に『泉』というタイトルをつけて展覧会に出品したマルセル・デュシャン、ハリウッドスターであったマリリン・モンローの写真を加工したアンディ・ウォーホルの絵画にも明らかな意図があるでしょう。

それほど明確ではないにしても、それぞれの絵にはメッセージがあり、社会への考えがあります。それを考えてみるのもおもしろいことでしょう。

⑦歴史への典拠

西洋絵画にも日本絵画にも、ある意味でお決まりの構図、お決まりのポーズがあります。伝統的に定式化された形といってもよいでしょう。画家たちは、意識的に、あるいは無意識的にそれを利用して新たな絵をかきます。

もちろん、伝統にのっとって無意識的に古い手法を使うだけの画家もいるでしょう。流派特有の手法もあるでしょう。また、意図的にそれを用いることがあります。たとえば、マネの『オランピア』がティツィアーノの『ウルビーノのヴィーナス』とそっくりの構図を使っていることは有名です。このようにオマージュとして、あるいは皮肉または挑発として過去の作品を用いることがあります。

一人の画家を追いかけてみよう

一人の画家も時代とともに変化します。たとえば、先ほど説明した通り、ピカソは時代とともに次々と作風を変えていきます。ピカソほど大きな変化をしないにしても、だれしも長い間生きているうちに、考え方も美術に対する意識も変化していきます。恋をし、失恋をし、子どもができ、親を亡くし、時に子どもをなくし、病に倒れ……といった苦難を歩むうちに、絵の世界に深みが増してくるものです。

そのような一人の作家の成長や変化を楽しむことができます。その時々の画家の気持ちが絵に表れるでしょう。思想の変化もみえてきます。

これだけ知っておけば美術通

・セザンヌの変革

美術にも、ルネサンス、バロック、ロココ、古典主義、ロマン主義、印象主義などの時代区分や流派がありますが、特に意識しなくても、基本的には絵の鑑賞に支障はありません。絵を鑑賞する際の知識として少し気にかければ十分でしょう。

しかし、美術にも音楽において調性のない音楽が広まったり、文学において予定調和が崩れたりしたのと同じように、20世紀初頭に大きな変革が起こります。

この変化にはいくつもの要因がありますが、絵画の場合、写真の発明が大きな意味を持っているといえるでしょう。19世紀までの絵画は対象を模倣することが重視されました。そこに自分らしい表現を加えて、それを個性としました。ところが、写真が登場しますと、それまでの絵画の存在意義が疑われてきます。

その時代に絵を描き始めたセザンヌは対象を模倣するのではなく、対象とは別の絵画そのものの形と色彩を追求するようになります。そして、このころから、自然をまねるのではなく、自分の内面世界をキャンバスの上に描き出す方向へ進みます。

対象を基本的な構成要素に分けてそれを再構成しようとするキュビズム、自分の内面世界を外に向けて表出しようとする表現主義、夢に現れる無意識世界を描こうとしたシュールレアリスム、あらゆる権威を否定したダダイズム、明るい色彩で心の中を自由に描こうとしたフォーヴィズムなどの様々な流派が登場してきます。同時に、そうした実験的な画風を否定して、再び写実へ戻ろうという反動も出てきます。

そのような動きとして美術史をみてみると、様々な発見があるはずです。

初心者がカン違いしやすい美術展でのマナー

美術展をみるときのマナーについては、常識の範囲内と考えていいでしょう。

・美術館内では大きな音を立てない

もちろん、美術展の場において、おしゃべりをしたり、独り言を言ったりするべきではありません。携帯電話で話をするのも、大きな音の出る靴で歩いたり、手に音の出るものを持つのも好ましくありません。コンサートほどではありませんが、音を出さず、静かに美術品をみるのが原則です。

・基本的に美術品に触れない

例外的に美術品に触れることを認めている美術館もありますが、それを除けばほとんどの美術展では、作品に触れてはいけません。息をかけたり、道具を使って絵に触れるのももちろん厳禁です。あくまでも一定の距離を取って美術品をみるのが鉄則です。言うまでもないことですが、美術品に落書きなどしたら、それは犯罪です。

・飲み物、インクなどを持ち込まない

飲み物や染料などを手に持って鑑賞するのも大変危険な行為です。つまずいたりして、美術品にかけてしまうと、大損害を与えてしまいます。本人は安全だと思っていても、どこに落とし穴があるかわかりません。初めから美術品を汚す危険性のあるものは近づけないようにする必要があります。

・写真を撮らない

基本的に美術展では写真撮影は禁止です。とりわけ、フラッシュをたいての写真撮影は美術品を損ねてしまいます。西欧の美術館の中にはフラッシュをたかなければ写真撮影許可の美術館もあるのですが、それはむしろ例外的です。シャッター音が周囲の邪魔になるだけでなく、写真によって複製を作ることにつながります。規則はきちんと守って鑑賞しましょう。

「ツウだ」と思われる感想の話し方

美術館の中でおしゃべりするべきではありませんが、帰り道などに、みたばかりの絵について話をするのは楽しいことです。その際、やはり通らしい気の利いたことを言いたいものですね。

もちろん、「まるで写真みたいにきれいだねえ」というほめ言葉は、多くの絵に対して的外れです。文学の場合と同じように、「目の付けどころ」として説明した内容について語ると、しっかりしたアピールになります。つまり、絵の題材や構図、筆致、色づかい、時代へのメッセージなどについて語ります。また、謎についても話題にできます。

「きっとあの絵は、ラザロの復活を題材にしていると思うんだけど、ラザロがあまり喜んでいるようにはみえないよね」

このように語ることによって絵の中の謎をみつけ出します。時にそれは絵の世界を深く探求することにつながります。このように、絵の題材と表情について語ることで、絵を深く鑑賞していることを示すことができます。

「さっきの絵、おもしろい構図だね。あんな構図の絵をこれまでみたことがなかったけれど、この画家はよく使うんだろうか」

構図、筆致などについて、このようにその絵で使われている技術について語ることができます。

「これ、どうやって描いたんだろうね。ふつうの筆ではないようだけど」

絵の中には一般的な画材でないものを使って描かれたものがあります。どのような画材を使っているのか、どのような手法で描いているのかは、絵の本質的な部分です。

レビューを発信しよう

美術展に行ったときにも、何らかの発信をしましょう。

近年、ミュージアムショップが充実しています。展示されている絵の絵葉書、カタログ、解説書、様々なグッズなどがあります。それらを購入して知人へのお土産にするときっとセンスの良いプレゼントとして喜ばれることでしょう。絵葉書に簡単な感想を書いて、その地域で投函すれば、絵の素晴らしさを共有できるかもしれません。

もちろん、グッズや絵葉書を自分の思い出として残し、そこに感想を添えるのもよいでしょう。


〈ブログ例〉


京都駅からほど近い智積院の宝物殿にある長谷川等伯とその息子、久蔵の襖絵を以前みて感動したことがある。またみたくなって、京都出張のついでに寄ってみた。

久蔵の桜図の見事なこと！　まるで生きた動物のような力強く動きのある幹。豪快な枝ぶり。そして、力いっぱいに咲き誇る満開の桜。生命、力、動きといった言葉を連想する。ところが、解説によれば、久蔵はこの絵を描いた翌年の26歳で夭折したという。そして、その絵の横に並べられているのが、父・等伯が、息子の死にむなしさを覚えて描いたとされる楓図だ。これが、桜図にも増して素晴らしい。

動き出すかのような太い幹、色鮮やかな草花。豪華で派手だが、確かに桜図と異なって、空しさ、悲しさが溢れているように思えるのは気のせいではなかろう。力をなくして息子の死を嘆くのではない。枯れ果てて人生を憂うのでもない。力が漲りながら、生そのものの空しさを絵の中に叩きつけている。

改めて強い感動を覚えた。京都駅近くの京料理の店でゆっくりと夕食をとって新幹線で東京に戻った。

第5章

日本芸能という教養力

——日本人なら知っておきたい日本文化の源流

大手自動車会社の米国工場に配属・転勤になった知り合いが一時帰国した際に、「パーティーで歌舞伎や能のことを聞かれて困ったよ。戻る前に一度みておかなくちゃ」とぼやいていました。

日本人にとっての教養は、前にも説明した通り、西洋のまねをするところから始まっていますので、どうしても西洋かぶれになってしまいます。しかし、言うまでもなく日本の芸能に素晴らしいものはたくさんあります。それらについて知らないというのは、まさしく教養人として欠けるところがあると言えそうです。それなのに、近年古典芸能離れが言われ、観客数が減っているのはとても残念なことです。

古典芸能は、歴史が大きく変わるたびに存続の危機に遭いながらも現代までしっかりと伝承されました。そもそも、庶民の生活から始まり、ひと昔前までは人々の生活に結びついて、普段何気なく使っている言葉の中にも、古典芸能を由来とする言葉はたくさんあります。また、文学作品や絵画の題材に、さらには外国文学への影響など、教養にとって欠かせないものです。それを「難しい」「敷居が高い」と敬遠してはもったいないことです。

今まで鑑賞の機会がなかったのなら、ぜひこの本を手にしたことをきっかけに古典芸能の世界に足を踏み入れてください。

日本の芸能の中でも古典芸能と呼ばれ、ユネスコ無形文化遺産に登録されている「能楽」・「人形浄瑠璃文楽」・「歌舞伎」・「雅楽」を紹介します。

1 能楽

「能楽」は、「能」と「狂言」の総称です。たいていは一回の公演で狂言・能の両方が演じられます。

能

一言でいえば音楽舞踏劇です。セリフではなく、舞踏や所作でストーリーが進む象徴的・夢幻的である点が異なりますが、おおまかにはミュージカルやオペラに近いものです。

音楽は、謡《うたい》と囃子《はやし》に分かれます。謡は役者によるものと、地謡《じうたい》と呼ばれる舞台右手に並ぶ8人程度の斉唱団によるものがあります。囃子は、大鼓《おおつづみ》、小鼓、太鼓、笛（能管）により奏でられます。

ちなみに、雛人形の五人囃子は、この4人に地謡1人が加わったものです。江戸時代、武家社会では能は雛人形に加えられるくらいに身近なものだったのです。

狂言

狂言は、笑いの要素を洗練した現実的・写実的なセリフ劇で、その言葉も現代語の感覚でほぼ理解できます。

第一歩を踏み出すコツ

「能は一度みたけれど、何を謡《うた》っているのか演じているのか、まったくわからなくてこりごりだよ」といわれます。理知的な鑑賞には向かないかもしれません。眠くもなってしまいます。しかし、時には頭だけで鑑賞するのではなく、全身全霊で幽玄の世界に迷い込むのもよしとしませんか。

「能は、難しい」と思われがちですが、明治以前は「猿楽」と呼ばれて、もともと神へ捧げる芸能とともに民衆の娯楽として発展したものです。鑑賞のコツをつかんでしまえば十分に楽しめます。

ここでイエス・ノーテストをしてもらいましょう。

▼日本画の余白の美が好きですか
▼お寺を巡るのが好きですか
▼霊的な世界や自然と対話がしたいと思いますか
◆お笑いが好きですか
◆日本語が好きですか

5つの質問に3つ以上イエスと答えた人は、すぐに能楽堂で能を楽しみましょう。◆だけがイエスだった人は、もしかすると、能をみると、やはり眠ってしまって、つまらないと思うかもしれません。そのような人には、狂言から入ることをおすすめします。まず、狂言だけの公演に足を運んでみましょう。

国立劇場では年に数回「狂言」だけ3作品を上演する「狂言の会」があります。狂言でまず、能楽堂の雰囲気に慣れてから、能をみることをおすすめします。

さらに、一歩踏み出して、国立能楽堂の普及公演は、演目の前に解説・能楽案内があって、さまざまなジャンルの講師が能楽への興味を広げてくれます。国立能楽堂以外でも、初心者を対象にした公演が増えています。

まずは、幽玄の世界の雰囲気を味わいたいのなら、各地の神社などで催される薪能《たきぎのう》をみるのもおすすめです。ただし、当然字幕はありませんし、座席が仮設で座り心地が悪く席によってみにくいなど鑑賞の環境が悪いのは覚悟してください。

何から見るといいか

オペラや歌舞伎に比べると、登場人物も少ないし、上演時間も国立能楽堂の公演ならば、だいたい2時間半くらいです。とにかく能楽堂に足を運びましょう。

最近は、解説付きの初心者向けの能のイベントも国立能楽堂をはじめ、各地の能楽堂やホールで開かれています。チェックしてみましょう。

何からみるか、のひとつの目安としては、好きな分野から探してもよいでしょう。

たとえば、歴史が好きなら平家物語を題材にした『敦盛《あつもり》』、『景清』、『清経』、『俊寛《しゅんかん》』、『橋弁慶』『船弁慶』、『巴』、『熊野《ゆや》』。

古典文学好きなら、伊勢物語を題材にした『井筒』、『杜若《かきつばた》』。小野小町を題材にした『草紙《そうし》洗《あらい》小町《こまち》』、『通《かよい》小町』、『卒塔婆《そとば》小町』、『関寺《せきでら》小町』。源氏物語を題材にした『葵上《あおいのうえ》』、『野宮《ののみや》』、『半蔀《はじとみ》』。

オカルトチックなものが好きなら『大江山』、『土蜘蛛《つちぐも》』、『殺生石』、『紅葉狩』

恋愛の苦しみがお好みなら『恋重荷《こいのおもに》』、『綾鼓《あやのつづみ》』、『采女』、『花筐《はながたみ》』、『鉄輪《かなわ》』。

狂言は何をみても面白いし、開演前にプログラムであらすじだけ予習しておけば、セリフもほとんど聞き取れるはずです。

予習しておこう

やはり予習が肝心です。国立能楽堂は前座席シートのモニターに字幕と解説が出ます。また、プログラムにも詞章や解説は載っていますが、予習をしていくとより楽しめます。小学館『新編日本古典文学大全集』「狂言集」「謡曲集」なら、口語訳もついています。ネットでも解説のサイトがいくつかあります。

〈おすすめサイト〉

ｔｈｅ能ドットコム：入門　能の世界

伝統芸能情報館：能楽への誘《いざな》い～能楽鑑賞の手引き

〈おすすめ入門書〉

『花よりも花の如く』（成田美名子　白泉社花とゆめコミックス）

新人能役者の成長をテーマに、職業としての能楽師の日常が描かれています。型や舞台、小物など一つ一つを正確に描く必要があるため作者自ら年間１００番の舞台をみているというだけあって、能入門にうってつけです。

2 人形浄瑠璃文楽

人形浄瑠璃文楽は、浄瑠璃《じょうるり》（義太夫節）を語る太夫と、三味線と、人形遣いの三業が一体となった人形芝居です。三人遣いという特別な技法で操られ、ドナルド・キーンによれば「文楽は脚本に文学上の傑作が書かれた世界で唯一の人形芝居」なのです。江戸時代に大阪で生まれ、竹本義太夫・近松門左衛門らによって完成されました。近松門左衛門は町人社会の義理と人情、人の心の美しさを描きだし、一時期は歌舞伎をしのぐ人気を誇り、歌舞伎にも大きな影響を及ぼしています。

第一歩を踏み出すコツ

そもそも文楽は庶民のものでした。落語『寝床』で、小僧さんを泣かせた主人は素人義太夫語りです。義太夫を語るのは庶民の楽しみでもあり教養でもあったのです。

「能」が主に武家社会に広まったのに対して、義太夫は庶民に愛され続けました。人形なしで義太夫節と三味線のみの演奏を「素《す》浄瑠璃」と言いますが、明治大正時代は、娘義太夫（女義太夫）が人気を博し、大学生を中心に「どうする連」と呼ばれる追っかけ集団が生まれるほどの一つの社会現象になっていました。中でも高浜虚子が学生時代、学業そっちのけで娘義太夫に入れあげていたのは有名です。ビートたけしの祖母北野うしさんも竹本八重子の名で女義太夫の舞台に出ていたそうです。夏目漱石の『吾輩は猫である』や『行人』のなかにも義太夫がたびたび登場します。

第二次世界大戦の大阪の空襲によって文楽の劇場も多くの人形も焼失してしまいますが、多くの人の尽力で復興します。昭和20年代の朝日新聞『サザエさん』でも、数回、義太夫節が取り上げられています。

文楽は、長い年月人々が愛し続けた「情」の世界です。それを生み出した大阪の街の前市長が「つまらない」と言い出したのは、耳ざわりのよいもの、わかりやすいもの、視覚に直に訴えてくるものだけを「おもしろい」と感じる、教養に欠ける悪しき風潮です。木偶《でく》に魂を入れるのは、人形遣いと太夫、三味線弾きだけではありません。みる私たちの想像力が、人形の瞳から流れる一筋の涙を感じるのです。その想像力を育てるのも教養でしょう。

何から見るといいか

文楽には時代物（江戸時代以前の武家社会の事件や事跡を題材にしたもの）と、世話物（江戸時代の町人社会に取材したもの）と、景事《けいごと》（舞踊中心）の三つの演目がありますが、初心者には世話物がおすすめです。

時代物は、十段近くある中の一部分を上演することが多くて話の筋がつかみにくいのに対して、世話物は全幕通しで鑑賞しても、それほど鑑賞時間は長くないので話の筋がわかりやすいし、言葉も町人が日常に使っていた言葉ですから、わかりやすいのです。なによりも、恋愛、義理、人情の世界は人間味にあふれ、現代にも十分通じるものです。

〈おすすめの作品〉

なんといっても近松門左衛門！

『曽根崎心中』『心中天網島《しんじゅうてんのあみじま》』『心中宵庚申《しんじゅうよいごうしん》』

心中はこの世では結ばれることを許されない相愛の男女が、来世で結ばれることを願って一緒に自殺することです。心中という選択肢自体は、現代人には理解しがたいことですが、命がけで人を恋する人間の美しさには心を打たれずにはいられないのです。

『女殺油地獄《おんなごろしあぶらのじごく》』

わがままな不良息子が両親を苦しめ、挙げ句の果てに親切な人妻を惨殺するという、現代でもみられそうな、不良息子を抱えた家族の悲しい姿が実話にもとづいて描かれています。

時代物三大名作『菅原伝授手習鑑』『義経千本桜』『仮名手本忠臣蔵』

通しだと長いので有名な段だけ演じられることが多くなっていて、筋を理解しにくい面もあるのですが、少し早めに行って公演プログラムの解説を読んでおけば大丈夫です。歴史ロマンにあふれる一方で、武家社会の忠義の論理に翻弄される人間の本質が描かれています。

文楽は、大阪の国立文楽劇場と、東京の国立劇場小劇場で交互に年8回の公演と、文楽鑑賞教室、3月と10月に地方巡業があります。また、四国内子座《うちこざ》文楽、東京赤坂文楽など各地の劇場独自の公演、さらに、最近は大阪を中心に文楽を紹介するイベントが企画されています。それでも、能や歌舞伎などに比べても、公演数は少ないですし、国立小劇場の公演は、演目によってはチケットが取りにくくなっています。チャンスがあったらとにかく劇場に足を運びましょう。

これだけ知っておけば文楽通

・三業（三位一体）

太夫…義太夫節（浄瑠璃）を語ります。場面の情景、物語の背景、登場人物の心情、セリフのすべてを一人で語り分けます。

三味線弾き…大型で低く大きな音の出る太棹を使用します。文楽の三味線は他の音楽の伴奏とは違って、太夫と一体になって、背景や心情などを描き出します。

人形遣い（三人遣い）

主《おも》遣い…人形の首（かしら）と右手。通常出遣い（顔を出して人形を遣う）をします。

左遣い…人形の左手。

足遣い…人形の両足。女形の人形には足がついていないので、着物の裾をつまんで歩みを表現したり、握りこぶしで膝の形を作ります。

床《ゆか》…舞台の上手《かみて》、義太夫節を演奏するための舞台。太夫と三味線弾きがくるっと回って登場する仕組みになっています。

通し…初段から最終段まで一度に通して演じること。たとえば、『仮名手本忠臣蔵』は大序（初段）から最終段の十一段目まで通すと丸一日かかり、たいていは三段目の「殿中刃傷の段」、四段目「塩谷判官切腹の段」、「城明渡しの段」、七段目「祇園一力茶屋の段」、八段目「道行旅路の嫁入」、九段目「山科閑居の段」などの幾つかがみどころとして上演されることが多いです。

〈公演情報と文楽入門〉
・公益財団法人 文楽協会 オフィシャルウェブサイト
・日本芸術文化振興会 国立文楽劇場（大阪）・国立劇場（東京）
・文楽ポータルサイト　楽文楽（らぶんらく）
・川原久雄『人形浄瑠璃文楽』
・NHK木曜時代劇「ちかえもん」DVD－BOX…近松門左衛門が曽根崎心中を書き上げるまでをコメディタッチに描いています。文楽協会が全面的に協力しています。

3 歌舞伎

古典芸能の中で、一番ハードルが低いのは歌舞伎でしょう。歌（音楽）、舞（舞踊）、伎（演技）によって成り立つ総合舞台芸術が面白くないわけがありません。公演回数も多く、その気になればいつでも鑑賞できます。

江戸時代の初め、斬新で奇抜を意味する「傾《かぶ》く」を語源にした歌舞伎は、いつの時代でも庶民の娯楽で、その時代時代の流行を貪欲に取り込んできました。ここまでに紹介した能からも狂言からも文楽からも、その他の芸能からもさまざまな要素を取り入れています。古典芸能の教養の総仕上げとしても、歌舞伎鑑賞をおすすめします。

能に基づいた歌舞伎は、松羽目物《まつばめもの》、能取物《のうとりもの》と呼ばれて『勧進帳』、『土蜘蛛』、『船弁慶』、『連獅子』などが有名です。人形浄瑠璃文楽から歌舞伎化した作品は、義太夫狂言、丸本《まるほん》歌舞伎と呼ばれ、近松門左衛門の作品をはじめとして、いわゆる三大名作（菅原伝授手習鑑、義経千本桜、仮名手本忠臣蔵）をはじめ現行上演される歌舞伎狂言のおよそ半分は丸本物です。

また逆に、歌舞伎は落語の題材になっていて、仮名手本忠臣蔵だけでも『中村仲蔵』『淀五郎』『四段目』『七段目』などがあります。落語で歌舞伎の予習という方法もありますね。

さらに、小劇場の野田秀樹の書き下ろしをはじめ、宮藤官九郎の『大江戸りびんぐでっど』つまりゾンビ歌舞伎、人気コミック『ワンピース』のスーパー歌舞伎、ベストセラー絵本『あらしのよるに』の新作歌舞伎などつぎつぎと登場して楽しませてくれます。

第一歩を踏み出すコツ

歌舞伎と文楽は、同じ題材を扱っている物が多くあります。では、どちらが自分に向いているか、イエス・ノーテストをしてもらいましょう。

▼オペラよりもミュージカルが好きですか
◆ミュージカルよりもオペラが好きですか
▼紅葉狩りよりもお花見のほうが好きですか
◆お花見よりも紅葉《もみじ》狩りのほうが好きですか
▼声優やナレーターよりアイドルが好きですか
◆アイドルより声優やナレーターが気になりますか

▼に2つ以上イエスと答えた人は、歌舞伎をおすすめします。歌舞伎はエンターテインメント性が高く、役者をみるものでもあります。ご贔屓《ひいき》の役者さん目指して通うわけです。

また、先日中村橋之助が襲名した芝翫《しかん》が8代目だったように、役者は江戸時代から続く家柄を背負っています。音楽も、長唄、義太夫、常磐津《ときわづ》、河東節《かとうぶし》などの歌物と語り物に、楽器も三味線も太棹・中棹・細棹、お囃子の小鼓、大鼓、太鼓、笛、その他大太鼓や鉦《かね》などさまざまで華やかです。さらに歌舞伎座などは舞台だけでなく、建物の外観から始まって、地下の木挽町広場、ギャラリー、売店、すべてが楽しめるアミューズメントパークです。

　また、◆に2つ以上イエスと答えた人は、文楽をおすすめします。文楽は、「見る」ではなく、「聴く」という人もいます。義太夫の語りと、太棹の三味線と人形の三位一体を楽しむものです。また、文楽は実力主義の世界で、世襲制ではありません。


　文楽も歌舞伎も、わかりやすいのは世話物ですが、時代物の豪華絢爛な舞台も魅力的だし、役者の技を堪能できる舞踏も捨てがたく……。歴史背景など基礎的な知識を身につけて何回か足を運べば、楽しむツボがわかってくるはずです。

　3等席ならば、歌舞伎座4000円、国立劇場1800円でみられます。しかし、初めての歌舞伎鑑賞はぜひ、1等席を奮発しましょう。目の前に再現され美しい時代絵巻、隈《くま》取《ど》りで誇張された表情と息遣い、花道を踏み出した瞬間の緊張感は3等席では残念ながら体感できません。一度どっぷりと歌舞伎の魅力にひたって、あとは何度も足を運んでさまざまな歌舞伎の世界を楽しむのがよいでしょう。

これだけ知っておけば歌舞伎通

まず、演目を読みましょう。いくつ読めますか？

・演目

時代物　仮名手本忠臣蔵　かなでほんちゅうしんぐら
菅原伝授手習鑑　すがわらでんじゅてならいかがみ
妹背山婦女庭訓　いもせやまおんなていきん
伽羅先代萩　めいぼくせんだいはぎ
彦山権現誓助剣　ひこさんごんげんちかいのすけだち

世話物　夏祭浪花鑑　なつまつりなにわかがみ
青砥稿花紅彩画　あおとぞうしはなのにしきえ
助六由縁江戸桜　すけろくゆかりのえどざくら
廓文章　くるわぶんしょう

舞踏　京鹿子娘道成寺　　きょうがのこむすめどうじょうじ
　　　積恋雪関扉　　　　つもるこいゆきのせきのと

・歌舞伎の舞台

定式幕《じょうしきまく》…江戸時代、幕府から許可を得た芝居小屋の証。歌舞伎座では黒・柿・萌葱の三色。

書割…背景画の大道具。毎回描き起こす。

せり…舞台の四角く切り取られて上下する部分。

スッポン…花道の途中の、小型のせり。ここから登場するのは妖怪や幽霊、妖怪遣い。

花道…舞台の延長として客席を横断する道。演目によって道や川などさまざまな場所に変化する。

〈チケットの購入〉

通常のチケット購入サイトの他に次の方法もあります。

歌舞伎美人…歌舞伎座のサイト。歌舞伎についての解説も。

日本芸術文化振興会…国立劇場のサイト。歌舞伎・文楽・能・雅楽の解説も。

〈劇場・芝居小屋〉

都内…一年を通して歌舞伎公演があります。歌舞伎座は2013年に建て替えでギャラリーやショップ、体験コーナーなどさまざまに歌舞伎をたのしめます。国立劇場は1等席でも1万円程度です。そのほか新橋演舞場や赤坂大歌舞伎（ACTシアター）など。

関西…京都・南座。年末の吉例顔見世興行のまねきで有名です。名古屋・御園座。大阪・松竹座。

四国…旧金毘羅大芝居「金丸座」（香川）。内子座（愛媛）。建物自体が文化財です。

九州…博多座（福岡）、八千代座（熊本）

このほかにも地域に守られた劇場や芝居小屋があります。公演の時期と重なれば、旅行のついでに劇場に足を運ぶのも得がたい経験です。また、地元のホールでの地方巡業も要チェックです。

4 雅楽

平安時代に栄えた、宮廷楽舞。千数百年におよぶ歴史と格式を持ちます。日本の音楽の基となっています。「千秋楽」「二の句がつげない」「塩梅」「とちる」「呂律《ろれつ》が回らない」などの言葉の語源がすべて雅楽にあるように、日本文化の源流にある芸能です。

第一歩を踏み出すコツ

なかなか聴く機会がありませんが、宮内庁式部職楽部は、年に2回演奏会があって、往復葉書で申し込みをして当たれば（かなりの倍率ですが）皇居で鑑賞することができます。国立劇場での公演も年に数回あります。また、春日大社（奈良）、四天王寺（大阪）にも楽部があり、演奏が聴けます。怜楽社は民間の雅楽の楽団でさまざまな形で演奏会を開いています。

それでも、雅楽の演奏会へ足を運ぶことが不安に思う人には、次のイエス・ノーテストをしてもらいましょう。

▼神社が好きですか
▼『源氏物語』が好きですか
▼シルクロードに興味がありますか

一つでもイエスがあったら、雅楽公演に足を運んでみましょう。神社や結婚式で雅楽を耳にすることは多いです。『源氏物語』「紅葉賀《もみじのが》」で光源氏が頭中将《とうのちゅうじょう》と二人で舞うのは雅楽『青海波《せいがいは》』です。そして、1500年以上前にシルクロードを伝わって来たのが雅楽です。その道筋を思うだけでも浪漫があります。

これだけ知っておけば雅楽通

・雅楽の楽器の主なもの
器楽合奏である管絃、舞に器楽演奏を伴う舞楽、それに声楽を主とする歌謡とに分けられます。
三管（管楽器）…笙《しょう》・篳篥《ひちりき》・横笛《おうてき》（龍笛《りゅうてき》）
三鼓（打楽器）…鉦鼓《しょうこ》・鞨鼓《かっこ》・楽太鼓《がくだいこ》

両絃（弦楽器）…楽箏《がくそう》・楽琵琶

・雅楽由来の言葉

千数百年もの歴史を持つ雅楽と関わりのある言葉や慣用句を、実は、私たちも日常生活でたくさん使っています。それを知っているだけでも教養になります。

「楽屋」…雅楽では演奏する曲のことを「楽」と呼びます。そこから舞楽の時に楽人が楽を演奏する場所を「楽屋」と呼び、この場所で舞人が装束を整えることも行われていました。これが転じて劇場や寄席で出演者が支度や休息をする部屋を言うようになったといわれます。

「千秋楽」…演劇や相撲興行の最終日を表す「千秋楽」は、もとは雅楽の曲名です。仏教の法会《ほうえ》の最終日に僧侶の退出する時に演奏されたことから、一説には能を演じたときの最後に謡われたことから「最後日」の意味になったといわれます。

「二の句がつげない」…あきれてものが言えないという意味の「二の句がつげない」は、平安時代に流行した、雅楽の朗詠（漢詩を読み下して歌う）の際、３つに分かれた句のうち、二の句が急に高音になって音が出しにくいことから、次の言葉がなかなか出てこない意味になったということです。

「塩梅《あんばい》」…ほどよい具合、特に塩と梅酢の加減の良いことの意味に使われますが、雅楽でも篳篥《ひちりき》の奏法の一つに「塩梅《えんばい》」というのがあります。指の押さえ方を変えずに、吹き方の加減で音の高さを変えて吹く奏法で、雅楽の代表的な奏法です。篳篥の演奏において、この塩梅が上手いか下手かで旋律が左右されます。そこから具合が良いことを「塩梅が良い」と言うようになったともいわれています。

「とちる」…舞台でセリフや演技を間違えることから転じて、やりそこなう、しくじるの意で使われます。雅楽では、唐楽「五《ご》常楽《しょうらくの》急《きゅう》」という曲の冒頭にある龍笛の唱歌が「トロホルイ」で、戻って2回目は「チラハルイ」となるのを、頭のトとチを間違って歌ってしまったことからできた言葉といわれています。

「呂律が回らない」…酒に酔った人や幼い子どもの舌が、よく動かず言葉がはっきりしない様子を表す慣用句ですが、雅楽の旋法である「呂《りょ》」と「律《りつ》」からきています。呂と律の音階を間違えた、調子の合わないわけのわからない演奏の様子から転じたといわれています。

「打ち合わせ」…前もって相談することを言いますが、江戸時代の雅楽組織である京都・奈良・大阪の「三方楽人」が集まって演奏するときに、細かな演奏法の違いを調整する際に打楽器から約束事を決めたことから転じたといわれています。

「やたら」…「やたら」の語源になった「八多良拍子」という拍子は、2拍子と3拍子の混合の特殊な拍子です。早いリズムで演奏し太鼓を頻繁に打って演奏が難しく混乱しがちなことから、根拠や秩序、節度が欠けてめちゃくちゃな様子を表すようになったといわれています。

「ツウだ」と思われる感想の話し方

「今月の播磨屋の『熊谷陣屋』の熊谷直実《なおざね》がなんとしても素晴らしかった。最後に、『十六年は一昔、夢だ夢だ』と花道を引き揚げていく絶望感、孤独感、無常さを演じられるのは吉右衛門しかいないよ」

ひとりの役者、演者を追いかけてみましょう。そのときに、ここに挙げたように、歌舞伎ならば、役者名ではなく、屋号で呼ぶと通らしくなります。

屋号は歌舞伎役者が苗字の他に持っている看板のようなものです。たとえば、鬼平犯科帳の中村吉右衛門は「播磨屋」、片岡仁左衛門は「松嶋屋」、松本幸四郎は「高麗屋」、市川海老蔵は「成田屋」、最近襲名した中村芝翫、橋之助、福之助、歌之助の親子は「成駒屋」、尾上菊五郎、菊之助親子、人気の尾上松也は「音羽屋」、中村獅童は「萬屋」です。

〈ブログ例〉

「いやあ、中村屋二人の『門出二人桃太郎』は、思わず30年前の勘九郎と七之助の初舞台を思い出してしまったね。あのときは先々代の勘三郎と先代の芝翫の鬼がうれしそうに二人の桃太郎にやられていたね」

歌舞伎役者は「梨園」などと呼ばれて世襲で芸能を伝承しています。そのため、役者の子どもは幼くして初お目見え、初舞台となるわけです。最近では尾上菊之助の息子が2歳で、中村勘九郎の2人の息子5歳と3歳の初舞台が話題になっています。当然のようにその子どもたちは将来大名跡を継ぐ歌舞伎役者に成長していくのでしょう。これをずっと見守るのも通の楽しみです。ここに挙げたような感想を、数十年後にまたできるかもしれません。

昨日、国立小劇場で2月文楽公演近松名作集第2部『曾根崎心中』をみた。相変わらず近松人気は高く当然満員御礼で、チケットも早々に売り切れだったらしい。

生玉社前の段は義太夫が文字久太夫に三味線宗助、天満屋の段は咲太夫に燕三、天神森の段はお初が津駒太夫、徳兵衛が咲甫太夫、三味線が寛治他。人形は徳兵衛が玉男、お初が勘十郎。先代の玉男と簑助の徳兵衛お初がいまだ忘れがたいけれど、人形遣いは着実に世代交代が進んでいる。

今回の天神森の段は、演出が少し変わっていた。正確に言うと元に戻ったらしい。これまでは、最後お初のとどめを刺した徳兵衛は返す刀で自らの命も絶って、重なり合い人形遣いもそのままに幕が引かれたが、今回は徳兵衛がお初に刃を下ろす前で終わった。そもそも近松門左衛門の原作では、お初の命を奪ったあと徳兵衛は断末魔の末に果てて、少し離れたところで死ぬ挿絵がある。文楽では徳兵衛が刀を振り上げ二人が見つめ合ったまま終わっていたが、海外公演で、「何をしているのかわからない。何で二人は踊っているのだ」と批判もあって、二人が抱き合って命が果てるまでをみせる演出になったらしい。

今回の舞台を見終わって、そばにいた人が、「日本人ならここまでで十分にこのあとの惨劇も悲哀も感じ取れるわよね」と言っていたのに同感だ。

おわりに

本文にも書いた通り、私は小学生のころにクラシック音楽にのめりこんで以来、ほかの人が勉強をしている間も、労働している間も、ひたすら音楽を聴き、本を読み、芸術作品に触れていました。そして、30代半ばからは、翻訳家として、小論文指導者として、芸術、文化、政治経済について教えることに時間を費やしてきました。言ってみれば、私の前半生は教養を身につけることに費やし、後半生は若者に教養を伝えることに費やしたと言えそうです。

そんな私がこれまで身につけてきた教養と、それを他者に伝えるノウハウのエッセンスを本書に盛り込んだつもりです。このなかには、教養あるように見せる方法など、教養人にふさわしくないと思われるような内容も記しています。しかし、ともあれ実行してみてください。きっと、そうするうちに本当に教養人になっていきます。まねをするうちに本当にそのようになっていくものなのです。

私は日本人の多くが気軽に芸術を楽しみ、芸術通になり、教養人になって人生を味わうことを願っています。本書がそのための役に少しでも立ったなら、こんなうれしいことはありません。

なお、本書執筆にあたって、青春出版社プライム涌光編集部の野島純子さんには大変お世話になりました。また、私に力不足の「日本の芸能」の章の執筆をはじめ、多くの面で岡田佐久子さんの助力を得ました。最後になりましたが、この場を借りて感謝申し上げます。

樋口裕一

青春新書
INTELLIGENCE

こころ涌き立つ「知」の冒険

いまを生きる

"青春新書"は昭和三一年に——若い日に常にあなたの心の友として、その糧となり実になる多様な知恵が、生きる指標として勇気と力になり、すぐに役立つ——をモットーに創刊された。

そして昭和三八年、新しい時代の気運の中で、新書"プレイブックス"にその役目のバトンを渡した。「人生を自由自在に活動《プレイ》する」のキャッチコピーのもと——すべてのうっ積を吹きとばし、自由闊達な活動力を培養し、勇気と自信を生み出す最も楽しいシリーズ——となった。

いまや、私たちはバブル経済崩壊後の混沌とした価値観のただ中にいる。その価値観は常に未曾有の変貌を見せ、社会は少子高齢化し、地球規模の環境問題等は解決の兆しを見せない。私たちはあらゆる不安と懐疑に対峙している。

本シリーズ"青春新書インテリジェンス"はまさに、この時代の欲求によってプレイブックスから分化・刊行された。それは即ち、「心の中に自らの青春の輝きを失わない旺盛な知力、活力への欲求」に他ならない。応えるべきキャッチコピーは「こころ涌き立つ"知"の冒険」である。

予測のつかない時代にあって、一人ひとりの足元を照らし出すシリーズでありたいと願う。青春出版社は本年創業五〇周年を迎えた。これはひとえに長年に亘る多くの読者の熱いご支持の賜物である。社員一同深く感謝し、より一層世の中に希望と勇気の明るい光を放つ書籍を出版すべく、鋭意志すものである。

平成一七年　　刊行者　小澤源太郎

著者紹介

樋口裕一〈ひぐち　ゆういち〉

1951年大分県生まれ。早稲田大学第一文学部卒業後、立教大学大学院博士課程満期退学。仏文学、アフリカ文学の翻訳家として活動するかたわら、受験小論文指導の第一人者として活躍。2008年より17年まで多摩大学経営情報学部教授を務め、現在、東進ハイスクール客員講師。通信添削による作文・小論文の専門塾「白藍塾」塾長。著書に250万部の大ベストセラーとなった『頭がいい人、悪い人の話し方』(PHP研究所)のほか、『バカに見える日本語』(小社刊)、『頭がよくなるクラシック』(幻冬舎)、『頭のいい人は「短く」伝える』(大和書房)など多数。

この一冊《いっさつ》で芸術通《げいじゅつつう》になる
大人《おとな》の教養力《きょうようりょく》

青春新書
INTELLIGENCE

2017年4月15日　第1刷

著者　樋《ひ》口《ぐち》裕《ゆう》一《いち》

発行者　小澤源太郎

責任編集　株式会社プライム涌光

電話　編集部　03(3203)2850

発行所　東京都新宿区若松町12番1号 〒162-0056　株式会社青春出版社

電話　営業部　03(3207)1916　振替番号　00190-7-98602

印刷・中央精版印刷　製本・ナショナル製本

ISBN978-4-413-04512-4

©Yuichi Higuchi 2017 Printed in Japan

本書の内容の一部あるいは全部を無断で複写(コピー)することは著作権法上認められている場合を除き、禁じられています。

万一、落丁、乱丁がありました節は、お取りかえします。

こころ涌き立つ「知」の冒険!

青春新書 INTELLIGENCE

喋らなければ負けだよ	古舘伊知郎	PI·482
イチロー流 準備の極意	児玉光雄	PI·483
世界を動かす「宗教」と「思想」が2時間でわかる	蔭山克秀	PI·484
腸から体がよみがえる「胚酵食《はいこうしょく》」	森下敬一 石原結實	PI·485
江戸っ子はなぜこんなに遊び上手なのか	中江克己	PI·486
能力以上の成果を引き出す本物の仕分け術	鈴木進介	PI·487
名僧たちは自らの死をどう受け入れたのか	向谷匡史	PI·488
健康診断 その「B判定」は見逃すと怖い	奥田昌子	PI·489
一流はなぜ「シューズ」にこだわるのか	三村仁司	PI·490
2時間の学習効果が消える! やってはいけない脳の習慣	川島隆太［監修］ 横田晋務［著］	PI·491
図説 呉から明かされたもう一つの三国志	渡邉義浩［監修］	PI·492
偏差値29でも東大に合格できた! 「捨てる」記憶術	杉山奈津子	PI·493
歴史が遺してくれた日本人の誇り	谷沢永一	PI·494
「プチ虐待」の心理 まじめな親ほどハマる日常の落とし穴	諸富祥彦	PI·495
図説 教養として知っておきたい日本の名作50選	本と読書の会［編］	PI·496
人工知能は私たちの生活をどう変えるのか	水野 操	PI·497
若者はなぜモノを買わないのか 「シミュレーション消費」という落とし穴	堀 好伸	PI·498
自律神経を整えるストレッチ 自分でできる、心と体をゆるめる習慣	原田 賢	PI·499
40歳から眼がよくなる習慣 老眼、スマホ老眼、視力低下…に1日3分の特効!	日比野佐和子 林田康隆	PI·500
林修の仕事原論 壁を破る37の方法	林 修	PI·501
最短で老後資金をつくる 確定拠出年金こうすればいい	中桐啓貴	PI·502
歴史に学ぶ「人たらし」の極意	童門冬二	PI·503
インドの小学校で教えるプログラミングの授業	ジョシ・アシシュ［監修］ 織田直幸［著］	PI·504
急に不機嫌になる女 無関心になる男	姫野友美	PI·505

お願い　ページわりの関係からここでは一部の既刊本しか掲載してありません。
折り込みの出版案内もご参考にご覧ください。